DEUTSCHES INSTITUT FÜR WIRTSCHAFTSFORSCHUNG

(INSTITUT FÜR KONJUNKTURFORSCHUNG)

SONDERHEFTE

Nr. 72   1965

Die Entwicklung des Interzonenhandels
von seinen Anfängen bis zur Gegenwart

von

Horst Lambrecht

DUNCKER & HUMBLOT / BERLIN

Herausgeber: Deutsches Institut für Wirtschaftsforschung, 1 Berlin 33, Königin-Luise-Straße 5. Schriftleitung: Dr. Horst Seidler. Verlag: Duncker & Humblot, 1 Berlin 41, Dietrich-Schäfer-Weg 9. Alle Rechte vorbehalten. Druck 1965 bei Gustav Ahrens, Buch- und Kunstdruckerei, 1 Berlin 36. Printed in Germany.

Inhalt

	Seite
Einführung	5
Die Geschichte des Interzonenhandels und die gegenwärtigen Formen der Abwicklung	9
1. Von den Anfängen bis zum Frankfurter Abkommen	9
2. Das Berliner Abkommen	13
3. Die Zeit nach dem Berliner Abkommen	19
Entwicklung und Warenstruktur	29
1. Methodische Vorbemerkungen	29
2. Die Entwicklung 1950 bis 1964	31
3. Die Warenstruktur	36
4. Die Stellung Berlins (West) im Interzonenhandel	47
Schlußbemerkungen	51
Statistischer Anhang	54
Literaturverzeichnis	67

Einführung

In den folgenden Ausführungen wird unter „Interzonenhandel" die Gesamtheit des Waren- und Dienstleistungsaustausches zwischen den Währungsgebieten DM-West und DM-Ost einschließlich der historischen Vorläufer in Gestalt des Warenverkehrs der damaligen Westzonen mit der SBZ verstanden. Unmittelbar nach dem Zusammenbruch Deutschlands im Jahre 1945 wurde unter dieser Bezeichnung der Handel zwischen den vier Besatzungszonen untereinander sowie der Besatzungszonen mit Berlin zusammengefaßt. Mit der Schaffung einer wirtschaftlichen bzw. politischen Einheit im westlichen Deutschland zunächst in Form der Bi- bzw. Trizone und später in Gestalt der Bundesrepublik, wurde der Begriff Interzonenhandel einschränkend nur noch zur Bezeichnung des Warenverkehrs mit Mitteldeutschland herangezogen, wobei man Ost- und West-Berlin jeweils dem Einflußbereich der einen bzw. anderen Seite zurechnet.

Der sich heute zwischen beiden Teilen Deutschlands vollziehende Wirtschaftsaustausch ist formal weder Außenhandel noch reiner Binnenhandel, sondern folgt eigenen Regeln.

Im Westen wird er als Interzonenhandel bezeichnet. In Mitteldeutschland nannte man ihn bis 1960 „Innerdeutschen Handel" und seitdem „Handel mit Westdeutschland und Westberlin". Aber in den Wirtschaftsplänen und der Statistik gilt der Interzonenhandel östlicherseits doch als Teil des Außenhandels. Er untersteht der Kontrolle des „Ministeriums für Außenhandel und Innerdeutschen Handel". Auf der westlichen Seite wird er streng vom Außenhandel unterschieden. Dies kommt sowohl in der Statistik als auch in den behördlichen Zuständigkeiten zum Ausdruck. Zuständig ist hier nicht die Abteilung „Außenhandel" im Bundeswirtschaftsministerium, sondern die Abteilung „Gewerbliche Wirtschaft". Rechtsgrundlage des Interzonenhandels in der Bundesrepublik sind auch noch heute — nach einem Urteil des Bundesverfassungsgerichts vom 16. Februar 1965 — die alliierten „Devisenbewirtschaftungsgesetze", während für den Außenhandel die besatzungsrechtlichen Vorschriften durch das Außenwirtschaftsgesetz vom 28. April 1961 abgelöst wurden. Die unterschiedliche formale Einstufung des Interzonenhandels in beiden Teilen Deutschlands verhindert jedoch nicht eine gleichartige materielle Behandlung auf beiden Seiten. Vor allem bei der Zollbehandlung der Waren betrachten beide Währungsgebiete den anderen Teil Deutschlands als Zollinland, der Handel bleibt daher zollfrei.

Die Wirtschaftsverfassung der Bundesrepublik Deutschland ist grundsätzlich marktwirtschaftlich orientiert und durch individuelle

Planung und Privateigentum an den Produktionsmitteln sowie durch das Bestehen von Märkten gekennzeichnet, auf denen sich die Preisbildung über das Marktverhalten der beteiligten Wirtschaftssubjekte vollzieht. Demgegenüber ist die Wirtschaftsordnung in Mitteldeutschland durch zentrale staatliche Planung, durch „gesellschaftliches Eigentum" an den Produktionsmitteln und durch autoritäre Preisbildung der zentralen Wirtschaftsverwaltung charakterisiert.

Der Außenhandel der Zentralverwaltungswirtschaft sowjetischen Typs ist der Volkswirtschaftsplanung untergeordnet. Bei der Planung wird das Bilanzierungssystem angewandt, das in den sogenannten Materialbilanzen eines Gutes den Import als Aufkommensbeitrag und den Export als Verwendungsart behandelt. Hieraus ergibt sich u. a., daß möglichst langfristige Verträge erstrebt werden, die Mengen und Preise für einen längeren Zeitraum festlegen und damit einen Unsicherheitsfaktor der zentralen Planung ausschalten. — Die Außenhandelsplanung geht bei dieser Wirtschaftsform grundsätzlich von den Importnotwendigkeiten aus und plant daher die Exporte — falls nicht außerökonomische Bestimmungsgründe hinzutreten — vorwiegend als Mittel zur Ermöglichung der vorgesehenen Einfuhren.

Die vergleichsweise geringe Rolle des Außenhandels in den Zentralverwaltungswirtschaften[1] ergibt sich vor allem aus dem Bestreben nach Unabhängigkeit von anderen Volkswirtschaften. Teils ist sie begründet in dem zeitweise vorherrschenden Dogma der „proportionalen Entwicklung der Volkswirtschaft", das die internationale Arbeitsteilung geringschätzte und den Aufbau eigener Produktionsbereiche selbst dann postulierte, wenn die wirtschaftlichen Voraussetzungen dafür fehlten.

Die niedrigeren Außenhandelsquoten der SBZ gegenüber der Bundesrepublik sind um so bemerkenswerter, als Mitteldeutschland aufgrund seines geringeren Gebietsumfanges, der kleineren Bevölkerungszahl und damit eines engeren Marktes, bei begrenzter eigener Rohstoffproduktion viel mehr auf „außerwirtschaftliche" Beziehungen angewiesen und viel weniger „autarkiegeeignet" ist als Westdeutschland. Im Jahre 1936 lieferte die mitteldeutsche Wirtschaft nach Berechnungen Bruno *Gleitzes* 54 vH aller industriellen und landwirtschaftlichen Erzeugnisse in andere deutsche Gebiete oder in das Ausland und bezog von dort 53 vH des Verbrauchs, während die entsprechenden Angaben für Westdeutschland nur 31 bzw. 30 vH waren.

Die Außenhandelstätigkeit wird in Mitteldeutschland von staatlichen Handelsgesellschaften wahrgenommen, die der staatlichen Planung unterliegen und praktisch nur ausführendes Organ der obersten Wirt-

---

[1] 1963 betrug der Außenhandelsumsatz (beide Seiten einschließlich Interzonenhandel) je Einwohner:
1952 DM-West in der Bundesrepublik, einschl. Berlin (West)
— Stat. Jahrbuch der BRD 1964, S. 311 —
1159 DM-West in Mitteldeutschland
— Stat. Jahrbuch der DDR 1964, S. 381.
Die Umrechnung erfolgte nach dem offiziellen Kurs, wonach 1 Rubel = 4,44 DM-West ist.

schaftsbehörde sind. Dem Außenhandelsmonopol des Staates steht auf dem Gebiet der Währung und des Zahlungsverkehrs eine strenge Devisenbewirtschaftung zur Seite. Für diese Wirtschaftsform ist die Trennung von Binnen- und Außenmarkt, die Trennung von Inlands- und Auslandspreisniveau typisch, eine sich aus der zentralen Planung selbst ergebende Notwendigkeit. — Mit den Preisdifferenzen aus der gesamten Außenhandelstätigkeit wird ein Preisausgleichskonto des Staatshaushaltes belastet, damit die Unternehmen sowohl liefer- als auch bezugsseitig zu Binnenpreisen abrechnen können.

Die Ausgangskonstellation — staatliches Handelsmonopol gegenüber beliebig vielen Wirtschaftssubjekten der anderen Seite — räumte den zentralen Wirtschaftsbehörden Mitteldeutschlands grundsätzlich eine starke Verhandlungsposition ein. Sie könnten den innerdeutschen Güterverkehr nach ihrem Ein- und Ausfuhrplan, der die Interessen der Zone selbst und nicht die Wünsche und Belange der Gegenseite berücksichtigt, steuern. Dies wurde im Westen rechtzeitig erkannt, man versuchte die westdeutschen Interessen durch spezifizierte Warenlisten, wertbegrenzte Ausschreibungen, Preiskontrollen und behördliche Genehmigungen der einzelnen Geschäftsabschlüsse zu wahren.

Das bilaterale System des Interzonenhandels läßt wegen der mitteldeutschen Währungsverhältnisse, die durch permanente Devisenknappheit gekennzeichnet sind, grundsätzlich keinerlei Verwendung von Zahlungsmitteln zu und wirkt dadurch handelshemmend, daß die Partnerländer liefer- und bezugsseitig oft nur sehr beschränkt harmonieren. Diese Tatsache in Verbindung mit dem straffen Dirigismus auf beiden Seiten hat im Westen immer wieder Anlaß zur Kritik gegeben, da derartige Maßnahmen einer liberalen Wirtschaftsordnung zuwiderlaufen.

Obwohl der Außenhandel Mitteldeutschlands heute zum ganz überwiegenden Teil auf die östlichen Partnerländer orientiert ist[2] — im Jahre 1936 lieferte die mitteldeutsche Wirtschaft noch 43 vH ihrer Produktion in andere deutsche Gebiete und bezog von dort 45 vH ihres Verbrauches — und obwohl die Umsätze zwischen beiden deutschen Währungsgebieten — unter Berücksichtigung der Preisentwicklung — 1963 nur etwa ein Elftel des Güteraustausches von 1938 ausmachten[3], ist nicht zu übersehen, daß der Interzonenhandel auch heute noch — mit 2,2 Mrd. DM-West Umsatz im Jahre 1964 — erhebliche wirtschaftliche

---

[2] Laut Stat. Jahrbuch der DDR (1956 S. 518 und 1964 S. 381) lag der Anteil des „sozialistischen Lagers" am auswärtigen Warenverkehr Mitteldeutschlands 1950 bereits bei 72 vH und erreichte mit 79 vH im Jahre 1963 seinen bisherigen Höchststand. Die Comeconländer, also der Ostblock ohne China, Jugoslawien und einige kleinere Länder Asiens, waren in der Zeit von 1953 bis 1963 mit einem zwischen 64 und 75 vH liegenden Anteil am Außenhandelsumsatz (Gesamteinfuhr und Gesamtausfuhr) vertreten.
[3] Nach Schätzungen des Bundesministeriums für gesamtdeutsche Fragen betrug der Güteraustausch zwischen den Westzonen und der Sowjetzone im Jahre 1938 8,3 Mrd. RM. Eine Schätzung der UN-Kommission für Europa spricht von einem Güterumsatz von 5,6 Mrd. RM für das Jahr 1936.

Bedeutung gerade für den östlichen Partner besitzt. Bis einschließlich 1960 lag die Bundesrepublik in der Rangfolge der mitteldeutschen Außenhandelspartner an zweiter Stelle. Erst 1961 löste die Tschechoslowakei (1963 mit 8,9 vH) Westdeutschland in dieser Position ab, das damit heute den dritten Rang vor Polen (7,1 vH) einnimmt. Die Sowjetunion, der weitaus bedeutendste mitteldeutsche Handelspartner — seit 1953 betragen die Warenumsätze mit der Sowjetunion das Viereinhalbfache der Umsätze im Interzonenhandel —, war seit 1953 mit 38 bis 49 vH an den Außenhandelsumsätzen beteiligt.

Der Umsatzanteil des Interzonenhandels betrug 1963 fast 9 vH[4] der gesamten Außenumsätze und ist 1964 nach vorläufigen Angaben der Staatlichen Zentralverwaltung für Statistik auf knapp 10 vH gestiegen. Demgegenüber vereinigten alle westlichen Industrieländer zusammen 1963 nur etwas über 6 vH des mitteldeutschen Außenhandelsumsatzes auf sich. Am gesamten mitteldeutschen Westhandel, also unter Einschluß auch der Entwicklungsländer war der Interzonenhandel im Jahre 1963 mit 41 vH beteiligt[5].

Für die westdeutsche Wirtschaft hat der Interzonenhandel weniger Gewicht[6]. Sein Anteil am Außenhandel der Bundesrepublik liegt gegenwärtig bei nicht ganz 2 vH[7].

---

[4] Siehe Tabelle II.

[5] Siehe Tabelle IV.

[6] Je Einwohner betrug der Interzonenhandelsumsatz 1963 in der Bundesrepublik 33 DM-West und in Mitteldeutschland 109 DM-West.

[7] Siehe Tabellen III und V.

Die Geschichte des Interzonenhandels und die gegenwärtigen Formen der Abwicklung

1. Von den Anfängen bis zum Frankfurter Abkommen[8]

Das fast völlige Darniederliegen der Produktion unmittelbar nach Kriegsende (durch Kriegszerstörungen, Demontagen und sonstige Kriegsfolgen), der Zusammenbruch der Verkehrsverbindungen sowie nicht zuletzt administrative Maßnahmen der Besatzungsbehörden, die fast ausnahmslos jeden Wirtschaftsverkehr mit den übrigen Besatzungszonen unterbanden, führten 1945 vorübergehend zum völligen Ausfall des überregionalen Güteraustausches in Deutschland. Erst mit dem allmählichen Aufbau von Produktion und Verkehr (freilich immer durch die oben erwähnten Tatbestände behindert) wuchs der Handel über die anfangs nur lokale Bedeutung hinaus und umfaßte schließlich Provinzen, Länder und Besatzungszonen. Gegen Ende der vierziger Jahre kamen dann zu den anfänglichen Hemmnissen einer schnellen Entwicklung eines ganz Deutschland umfassenden Güteraustausches die Schwierigkeiten, die sich aus der unterschiedlichen politischen Entwicklung in beiden Teilen Deutschlands ergaben und die im wirtschaftlichen Bereich u. a. zu einer verschiedenartigen Produktions- und Preisentwicklung führten. Während in den westlichen Besatzungszonen durch den Abbau der Kriegszwangswirtschaft und den allmählichen Übergang zur Marktwirtschaft mit freier Preisbildung und die Marshallplanhilfe eine Steigerung des Produktionsvolumens und der Preise zu verzeichnen war, blieb in Mitteldeutschland der Preisstopp und die Preisüberwachung der Vergangenheit als Baustein der „sozialistischen" Zentralverwaltungswirtschaft bestehen. Die Wirtschaftskraft, anfänglich schon durch Demontagen geschwächt, wurde durch Reparationen an die östliche Besatzungsmacht weiterhin stark beeinträchtigt.

Die ursprünglich von privater Hand getätigten Tauschgeschäfte wurden von 1946 an durch Bemühungen öffentlicher Stellen ergänzt, mit dem Abschluß von Wirtschafts- und Handelsabkommen den Güterverkehr zwischen Ländern und Zonen zu fördern. Es waren zunächst Geschäfte kleinen Ausmaßes, wie z. B. das im Februar 1946 geschlossene Abkommen, wonach das Land Sachsen 942 t Zuckerrüben- und Gemüse-

---

[8] Die folgenden Ausführungen, insbesondere die Zahlenangaben stützen sich auf den Beitrag von Fritz Federau „Der Interzonenhandel Deutschlands von 1946 bis Mitte 1953", in: Vierteljahrshefte zur Wirtschaftsforschung, Jg. 1953, S. 385 bis 410.

saatgut in die US-Zone zu liefern hatte. Am 31. März 1946 wurde das erste Kompensationsabkommen zwischen der SBZ und der US-Zone geschlossen, das den Austausch von Saatgut gegen Baumwolle vorsah. Es folgten Warenabkommen zwischen den einzelnen Ländern der Besatzungszonen, z. B. zwischen Thüringen und Niedersachsen, Hessen und Thüringen usw. Aus dem mitteldeutschen Raum wurden danach u. a. Textilgewebe, feinmechanische und optische Erzeugnisse, Kali, Saatgut und keramische Produkte, aus dem westdeutschen Raum Fahrzeugbereifungen, Farben, Haushaltsartikel, Arzneimittel geliefert.

Die ersten größeren Schritte zur Gestaltung des Warenaustausches auf Zonenebene führten zu folgenden, von Vertretern des Länderrates der US-Zone und Vertretern der Zentralverwaltung für Handel und Versorgung der SBZ vereinbarten Abkommen: dem am 15. Mai 1946 geschlossenen Rahmenvertrag, über einen vierteljährlichen Güteraustausch von 19 Mill. RM; dem am 14. Juni 1946 unterzeichneten Abkommen mit einer Erhöhung des vierteljährlichen Handelsvolumens auf 50 Mill. RM.

Dann folgten die am 1. Oktober und 1. November 1946 zwischen der US-Zone und der SBZ zustandegekommenen *Länderratsgeschäfte* (Nr. 1 und Nr. 2).

Die Länderratsgeschäfte sahen beiderseitige Lieferungen in Höhe von 62 Mill. RM vor. Sie wurden fast völlig abgewickelt. Wichtige Liefergüter der SBZ waren Getreide (40 000 t), Kartoffeln (65 000 t), Zucker (17 000 t), Braunkohlenbriketts (20 000 t); die wichtigsten Bezugsgüter: lebende Tiere.

Zwischen der französischen Zone und der SBZ wurde am 20. September 1946 das sogenannte *Sofrageschäft* Nr. 1, am 2. März 1947 das *Sofrageschäft* Nr. 2 geschlossen. Aus beiden Verträgen wurde ein Umsatz von etwa 10 Mill. RM erzielt, obwohl ursprünglich ein größerer Warenaustausch vorgesehen war. Geliefert wurden von der SBZ u. a. chemische Produkte, Düngemittel und Zucker.

Der Handel zwischen der britischen und sowjetischen Zone wurde in dieser Zeit durch das sogenannte *Britengeschäft*, welches zwischen beiden Militärregierungen geschlossen wurde, eingeleitet. Dieses Abkommen sanktionierte den in der Zeit von Januar bis August 1946 erfolgten Handel (41 320 t Eisen- und Stahllieferungen aus der britischen Zone gegen 188 000 t Braunkohlenbriketts und 50 000 rm Brennholz der SBZ nach dem sogenannten *Dyson-Abkommen*) und legte den Güteraustausch für den Rest des Jahres 1946 fest. — Für die Abwicklung des Britengeschäfts waren zwei Tranchen vorgesehen. Trotz Verlängerung wurde nur die erste realisiert. Die wichtigsten ausgetauschten Güter waren (von der SBZ gesehen) auf der Lieferseite: 50 000 t Getreide, 30 000 t Kartoffeln, 200 000 fm Grubenholz; auf der Bezugsseite: 100 000 t Stahl.

Nach dem Zusammenschluß der amerikanischen und englischen Zone zur Bizone wurde als erstes umfassendes Wirtschaftsabkommen in dieser Periode mit der SBZ das *Mindener Abkommen* vom 18. Januar 1947 geschlossen. Es sah für das erste Quartal 1947 einen Güteraustausch in Höhe von 29 Mill. RM Umsatz und für den Rest des Jahres weitere 177 Mill. RM vor. Wichtigste Bezugsgüter der SBZ waren wiederum Eisen und Stahl (68 Mill. RM), die damit zwei Drittel der gesamten westlichen Lieferungen ausmachten; ferner bezog die SBZ lebendes Vieh sowie Fahrzeugbereifungen. Die bedeutendsten Liefergüter waren:

120 000 t	Getreide	im Wert von 23 Mill. RM (22 vH),
15 000 t	Zucker	im Wert von 12 Mill. RM (11 vH),
850 000 fm	Holz	im Wert von 23 Mill. RM (22 vH),
2 500 t	Buna	im Wert von 10 Mill. RM (10 vH),
150 000 t	Speisekartoffeln	im Wert von 10 Mill. RM (10 vH).

Ferner wurde als Zusatzvertrag zur Mindener Vereinbarung am 26. April 1947 das nach seinem Hauptposten als *Kautschukvereinbarung* benannte Abkommen abgeschlossen, das Lieferungen und Bezüge im Gesamtwert von 14 Mill. RM im Austausch mit Buna und Kunstseidengarn aus der SBZ gegen westliche Motorrad-, Auto- und Fahrradreifen vorsah. Das Mindener Abkommen wurde nach Verlängerung um ein Vierteljahr im wesentlichen abgewickelt.

Als nächste Handelsvereinbarung zwischen der SBZ und der Bizone ist das *Berliner Abkommen* vom 27. November 1947 zu nennen. Nach ihm sollte jede Seite Güter im Werte von mindestens 157 Mill. RM liefern. Die Warenstruktur glich derjenigen vorheriger Verträge. Bei den mitteldeutschen Bezügen waren Eisen-, Stahl- und Maschinenbauerzeugnisse mit 49 vH des Gesamtwertes die größte Position. Es folgten Textilien mit 27 vH und chemische Erzeugnisse mit 9 vH. Auf der Lieferseite der SBZ standen im Vordergrund: landwirtschaftliche Produkte (38 vH), Textilien (27 vH), Holz (18 vH), chemische Erzeugnisse (11 vH) und Maschinenbauerzeugnisse (9 vH).

Dieser Vertrag ist praktisch nie wirksam geworden, da zunächst die Verlängerung des Mindener Abkommens und die Störung der Verkehrswege nach Berlin die Abwicklung hinauszögerten, schließlich die Berliner Blockade sie ganz unterband. Nach Beendigung der Blockade im Mai 1949 war seine Fortführung wegen der inzwischen erfolgten Währungsreformen, die eine endgültige Spaltung der deutschen Wirtschaft herbeiführten, nicht möglich. — Bis zum Abschluß des *Frankfurter Abkommens*[9] am 8. Oktober 1949 herrschte somit ein *vertragloser Zustand*. Der Warenverkehr vollzog sich ausschließlich im Wege privater Kompensationsgeschäfte. — Die in beiden Teilen Deutschlands separat durchgeführten Währungsreformen sowie das Fehlen eines amtlichen und feststehenden Kurses zwischen beiden Währungen[10] erforderten für

---

[9] Bundesanzeiger Nr. 19/1949.
Grundlage für die Wiederaufnahme des Interzonenhandels war das Jessup Malik Abkommen über die Beendigung der Blockade Berlins.
[10] Es gab lediglich den Kurs der Westberliner Wechselstuben, der mit dem Austauschverhältnis 1 : 5 bzw. 1 : 4 zuungunsten der Deutschen Mark der Deutschen Notenbank (DM-Ost) in keiner Weise die Kaufkraftrelation beider Währungen ausdrückte, sondern in starkem Maße anderen — insbesondere politischen — Einflüssen unterlegen war.

den gesamtdeutschen Güteraustausch vor allem neue Methoden des Zahlungs- und Verrechnungsverkehrs.

Diese wurden in dem Frankfurter Vertrag erstmals angewandt. Hiernach wurden alle Warenlieferungen und Dienstleistungen im Interzonenhandel über die beiderseitigen Notenbanken abgerechnet, wobei für die Verrechnung eine besondere Währungseinheit, die *Verrechnungseinheit* (VE), geschaffen wurde, deren Wert einer DM-West entsprach. Es waren zwei Konten vorgesehen, Konto A für kontingentierte und das Konto B für nichtkontingentierte Waren. Für beide war ein Überschreitungshöchstbetrag (sogenannter *Swing*) vereinbart worden, der für das Konto A auf 15 Mill. VE und für das Konto B auf nur 1 Mill. VE festgesetzt wurde. Beim Überschreiten der Kredithöchstgrenze (die ein Swing, der dauernd beansprucht wird, faktisch darstellt), sollten die Lieferungen der Gegenseite eingestellt werden. — Durch diese Regelung wollte man einmal eine zu starke Verschuldung einer Seite verhindern, zum anderen sollte durch den Swing gewährleistet werden, daß bei einer kurzfristigen Unterbrechung des Warenstroms aus einer Richtung nicht sofort auch der entgegengesetzte Güterstrom zum Erliegen kommt. — Artikel III der Frankfurter Vereinbarung sah erstmals die Einbeziehung Berlins in den Warenverkehr auf beiden Seiten vor. Über die von beiden Partnern zu liefernden Güter wurden Warenlisten aufgestellt. Nach dem Frankfurter Vertrag sollten in der Zeit bis zum 30. Juni 1950 Lieferungen nach beiden Richtungen im Wert von je 288 Mill. VE getätigt werden. Die Warenstruktur gliederte sich auf der Lieferseite des Westens bei den größten Positionen wie folgt:

	Mill. VE	vH
Eisen und Stahl (einschließlich Gießerei- und Walzwerkserzeugnisse)	81	28
Maschinen (einschließlich Fahrzeuge und Stahlbau)	75	26
Chemische und Gummierzeugnisse	47	16
Elektrotechnische Produkte	24	8
Textilrohstoffe und -halbwaren	20	7
NE-Metalle	10	3
Fische und Fischwaren	10	3

Die Wertanteile der Bezugsseite betrugen:

	Mill. VE	vH
Landwirtschaftliche Erzeugnisse	61	21
(darunter 90 000 t Getreide, 100 000 t Kartoffeln, 40 000 t Zucker.)		
Gruben-, Schnitt- und Brennholz	28	10
Textilien	80	28
Mineralöle und Kohlenwertstoffe	23	8
Chemische Erzeugnisse	21	7
Maschinen und Fahrzeuge	29	10
Elektrotechnik und Feinmechanik, Optik	10	3
Glas und Keramik	10	3

Der Frankfurter Vertrag wurde nachträglich mit einer Vorbehaltsliste ausgestattet. Die Erzeugnisse dieser Liste durften danach nur mit besonderer Genehmigung nach Mitteldeutschland geliefert werden.

Ernsthafte Schwierigkeiten in der Abwicklung ergaben sich zunächst infolge schleppender Lieferungen der Ostseite, die zu einer Überschreitung des Swings auf dem Konto A führten und der vom Westen (von Februar bis August 1950) eingestellten Eisen- und Stahllieferungen. Dazu schreibt *Federau*[11]: „Auch in späterer Zeit ist das Eisen- und Stahlembargo noch mehrfach verhängt worden, wobei nicht immer Lieferungsverzug seitens der Ostseite der Grund gewesen ist. Einige Male wurde die Waffe z. B. als politisches Druckmittel benutzt, insbesondere um Transporterleichterungen für Berlin durchzusetzen."

Auch die Abwicklung sehr ausgedehnter privater Kompensationsgeschäfte, die zumeist während der vertraglosen Zeit vereinbart worden waren, führten dazu, daß das Frankfurter Abkommen zunächst sehr zögernd durchgeführt wurde und daß es am 30. Juni 1950 (dem Tage seines vorgesehenen Ablaufs) erst zu 40 vH erfüllt war. Es wurde dann bis zum 31. März 1951 verlängert.

Am 20. Januar 1950 folgte als Ergänzung des Frankfurter Vertrages das *Kohleabkommen*, das die SBZ zur Lieferung von 699 000 t Braunkohlenbriketts und den Westen zur Abgabe von 50 000 t Gasförderkohle sowie 76 500 t Gießereikoks verpflichtete. Die Zahlungen wurden über ein Sonderkonto Kohle abgerechnet. Am 22. Dezember 1950 wurde ein weiteres Kohleabkommen unterzeichnet. Danach sollten 2,6 Mill. t Braunkohlenbriketts gegen westdeutsche Steinkohle, Steinkohlenkoks und 160 000 t Phosphate zum Tausch gelangen. Diese Vereinbarung wurde später Teil des Berliner Abkommens vom 20. September 1951.

Da nach dem Ablauf des Frankfurter Abkommens (das dreimal verlängert worden war und erst am 31. März 1951 auslief) noch keine Einigung über einen neuen Vertrag zustande gekommen war, man aber den Interzonenhandel nicht zum Erliegen kommen lassen wollte, vereinbarte man am 3. Februar 1951 den Vorgriff auf ein erst noch abzuschließendes Warenabkommen im Umfang von je 170 Mill. VE Lieferungen und Bezüge. Als Laufzeit waren zunächst drei bis vier Monate vorgesehen. Die Abwicklung zog sich jedoch sehr in die Länge und selbst am 31. März 1952 waren erst Lieferungen (des Westens) in Höhe von 97 Mill. VE und Bezüge von 87 Mill. VE erfolgt.

2. Das Berliner Abkommen

In die Zeit des absoluten Tiefstandes des Interzonenhandels in den Jahren 1951 bis 1953 fällt der Abschluß des Berliner Abkommens, genauer des „Abkommens über den Handel zwischen den Währungsgebieten der Deutschen Mark (DM-West) und den Währungsgebieten der Deutschen Mark der Deutschen Notenbank (DM-Ost)" vom 20. Septem-

---

[11] Federau a.a.O. S. 406.

ber 1951, das den rechtlichen Rahmen des gesamtdeutschen Güteraustausches bis zur Gegenwart darstellt.

Das Berliner Abkommen sieht in seinen wichtigsten Bestimmungen vor:

1. Die zum Austausch vorgesehenen Produkte werden in *Warenlisten* festgelegt, die eine bestimmte Gültigkeitsdauer (in der Regel ein Jahr) haben. Die Warenlisten gehören als Anlage zum Abkommen und sind somit dessen fester Bestandteil. Sie können mit beiderseitiger Zustimmung geändert werden. Für bestimmte Positionen ist eine Wertkontingentierung möglich.

Das Abkommen und die Warenlisten wurden und werden auf der westlichen Seite von der *„Treuhandstelle für den Interzonenhandel"* unterzeichnet, die nach Abschluß des Frankfurter Vertrages im Herbst 1949 als Organ des Deutschen Industrie- und Handelstages vom Bundeswirtschaftsministerium zur technischen Abwicklung des Abkommens ins Leben gerufen wurde[12]. Sie hatte zunächst ihren Sitz in Frankfurt, verlegte ihn aber bereits im Januar 1950 nach Berlin. Ihr obliegt u. a. die Aushandlung der Warenlisten. Sie ist von der Bundesregierung und dem Berliner Senat bevollmächtigt, mit den mitteldeutschen Verwaltungsorganen Abmachungen zu treffen. Östlicherseits ist ein Beauftragter des Ministeriums für Außenhandel und Innerdeutschen Handel für die Aushandlung und Unterzeichnung der Warenlisten zuständig.

2. Die dem Abkommen beigefügten Warenlisten unterscheiden zwischen *zwei Warenkategorien*, innerhalb deren Lieferungen und Bezüge jeweils ausgeglichen sein sollen und denen bei der Abrechnung des Zahlungsverkehrs bestimmte Konten entsprechen.

Zur ersten Gruppe gehören die sogenannten harten Waren, für die bis heute jährlich genaue Kontingente festgelegt sind. Die zweite enthält alle sonstigen Waren, die zumeist nicht scharf kontingentiert sind. Mit dieser Gruppierung wollte man westlicherseits erreichen, daß annähernd „gleichartige" Güter miteinander getauscht würden.

3. Zur Durchführung des Warenverkehrs zwischen beiden Währungsgebieten stellen die zuständigen Behörden *Bezugsgenehmigungen und Warenbegleitscheine* aus. Die Genehmigung erfolgt in Westdeutschland durch die Landes- und Bundesbehörden gemeinsam. Auf Bundesebene ist hierfür bei den industriellen Gütern das Bundesamt für gewerbliche Wirtschaft — die frühere Bundesstelle für den Warenverkehr —, eine nachgeordnete Dienststelle des Bundeswirtschaftsministeriums, und bei

---

[12] Gegenwärtig ist die Treuhandstelle eine Institution ohne Behördencharakter, die der Weisung und Dienstaufsicht der Bundesregierung — speziell des Bundeswirtschaftsministeriums — untersteht und deren Personal von Bundesbehörden „abgestellt" ist. Der seit 1964 amtierende Leiter der Treuhandstelle ist im Gegensatz zu seinem langjährigen Amtsvorgänger Kurt Leopold Bundesbeamter.

landwirtschaftlichen Produkten die „Außenhandelsstelle für Erzeugnisse der Ernährung und Landwirtschaft" zuständig.[13].

Für den Grenzübergang der Güter sind bestimmte Abfertigungsstellen vorgesehen. Die Kontrolle erfolgt auf beiden Seiten durch die Zollbehörden.

Auf der Ostseite ist für die Bezugsgenehmigungen und Warenbegleitscheine das Ministerium für Außenhandel und Innerdeutschen Handel zuständig.

4. Die Lieferungen erfolgen nach Artikel II Ziffer 1) des Berliner Abkommens auf der Grundlage von Verträgen der Geschäftspartner, die unter Beachtung der behördlichen Bestimmungen abgeschlossen werden.

5. Gegenseitigkeits- und Kompensationsgeschäfte sind grundsätzlich nicht gestattet. Für den Interzonenhandel wurde damit erstmals die Ausschließlichkeit des offiziellen Rahmenvertrages beansprucht, während bis dahin private Kompensationsgeschäfte erlaubt waren und besonders in den ersten Nachkriegsjahren eine erhebliche Rolle gespielt hatten.

Ausnahmen von dem Grundsatz des Verbots der Kompensationsgeschäfte sind indessen auch nach dem Berliner Vertrag möglich. Als Beispiel hierfür seien u. a. der Druckaustausch und die Lohnveredelung genannt, bei der die Vergütung durch Mehrlieferung von Rohstoffen erfolgt.

6. Art. II Ziffer 2) des Berliner Vertrages bestimmt, daß bei Beeinträchtigung der Interessen der Währungsgebiete durch die von den Vertragspartnern getroffenen Preisvereinbarungen (Schutz vor Dumping) die Bezugs- oder Liefergenehmigungen behördlicherseits versagt werden können.

Die Preiskontrolle erfolgt auf Antrag der jeweils interessierten Wirtschaftskreise in der Bundesrepublik sowohl bei wertoffenen als auch bei wertlimitierten Waren. Die Zuständigkeit liegt bei den Preisprüfungsstellen der Länder, die Hauptarbeit leistet jedoch in der Praxis

---

[13] Daneben gibt es das Kleinantragsverfahren, bei dem die Landesbehörden in eigener Zuständigkeit Genehmigungen erteilen können. Dieses vereinfachte Verfahren ist nur bei Werten bis zu 5000 VE zulässig und zudem nur für bestimmte Güter. Die genaue wert- und warenmäßige Begrenzung ist in dem (nicht veröffentlichten) Interzonenhandelsrunderlaß Nr. 59 festgelegt.

In diesem Zusammenhang ist noch das sogenannte Kleinsendungs- und Kleinbezugsverfahren zu erwähnen, das in der Allgemeinen Ausnahmegenehmigung Nr. 39 geregelt ist. Dieses ermöglicht die Lieferung und den Bezug bestimmter Waren im Wert bis zu 2000 VE je Monat und Person. Warenbegleitscheine sind vorgeschrieben. Die Transaktionen sind jedoch nicht genehmigungspflichtig. Im Gegensatz zum übrigen genehmigungspflichtigen Warenverkehr können auch Privatpersonen von dieser Möglichkeit Gebrauch machen. Gemessen am Gesamtwert des Interzonenhandels ist diese Position klein. Sie dürfte in der Regel nicht mehr als 1 vH betragen haben.
Siehe hierzu R. Sieben: „Abkommen und Vorschriften zum Interzonenhandel."

das Bundesamt für gewerbliche Wirtschaft, da es die meistens zu berücksichtigenden überregionalen Gesichtspunkte besser zu beurteilen vermag.

Im allgemeinen wird sowohl bei den Lieferungen als auch bei den Bezügen das westdeutsche Preisniveau zugrunde gelegt. Für die sowjetzonalen Lieferungen ist jedoch ein gewisser Preisabschlag üblich, der durchschnittlich auf 20 vH geschätzt wird. Mit ihm soll dem höheren kaufmännischen Risiko des westdeutschen Importeurs, das sich aus der kurzfristigen Kündigungsmöglichkeit des Abkommens durch jede Seite ergibt, sowie eventuellen Qualitätsunterschieden Rechnung getragen werden. Neben diesem allgemeinen Preisabschlag versuchen die mitteldeutschen Außenhandelsbehörden in einigen Fällen, durch systematische Preisunterbietung den Absatz der mitteldeutschen Produkte in Westdeutschland zu forcieren und die Position am westdeutschen Markt zu festigen. Ein „Preisdumping" läßt sich allerdings nur in Ausnahmefällen exakt nachweisen, weil sich bei fehlendem Wechselkurs die Angebotspreise kaum mit den in der SBZ gültigen Preisen vergleichen lassen. Oft ist aber eine geringe Preisforderung, wie Beispiele der Vergangenheit zeigen, auch nur auf mangelnde Marktkenntnis der mitteldeutschen Handelsorgane zurückzuführen.

Für die Abwicklung des *Zahlungs- und Verrechnungsverkehrs* nach dem Berliner Vertrag gelten folgende Bestimmungen:

7. Der Zahlungsverkehr zwischen beiden Währungsgebieten erfolgt ausschließlich im Verrechnungswege über beide Notenbanken (Deutsche Notenbank und Bank Deutscher Länder bzw. Deutsche Bundesbank).

8. Beide Banken führen je ein Verrechnungskonto der Zentralbank der anderen Seite.

9. Alle Zahlungen mitteldeutscher Bezieher für Leistungen des Währungsgebietes DM-West sind bei der Deutschen Notenbank in DM-Ost in Höhe der in der SBZ geltenden Preise zu leisten. Ein der vertraglichen Vereinbarung entsprechender Betrag wird von der Deutschen Notenbank dem Konto der Deutschen Bundesbank in VE gutgeschrieben.

10. Die Deutsche Notenbank leistet Zahlungen in DM-Ost an die mitteldeutschen Lieferanten aufgrund der in der SBZ geltenden Preise und belastet in Höhe der vertraglich vereinbarten Preise das Verrechnungskonto der Deutschen Bundesbank in VE, nachdem ihr diese mitgeteilt hat, daß sie dem Verrechnungskonto der Deutschen Notenbank den entsprechenden Betrag in VE gutgeschrieben hat.

11. Für die Zahlungen und Gutschriften in der Bundesrepublik gilt sinngemäß, d. h. ohne die besondere Preisspaltung, das gleiche.

12. Für die finanzielle Abwicklung wurden je vier Konten eingerichtet, wobei die Konten I und II für Warenlieferungen, Konto III für die Verrechnung der Dienstleistungen und Konto IV für die Abrechnung der Kohlelieferungen vorgesehen waren.

13. Für die Konten I und IV war je ein Swing in Höhe von 10 Mill. VE festgesetzt. Das Überziehungslimit der Konten II und III betrug je 20 Mill. VE.

14. Bei einer Verschuldung der einen Seite auf einem der Konten, die über den vereinbarten Swing hinausgeht, wurden nach Art. VIII des Berliner Vertrages keine Lastschriften mehr von der Notenbank der anderen Seite vorgenommen. In den in der Vergangenheit häufigen Fällen der mitteldeutschen Swingüberschreitungen stoppte dann das Bundesamt für gewerbliche Wirtschaft die Erteilung von Warenbegleitscheinen und es entstanden für die lieferwilligen Firmen die sogenannten Wartezimmer.

Aufgrund der vereinbarten Zahlungs- und Verrechnungsmodalitäten im innerdeutschen Güteraustausch verwandelt sich praktisch eine vom west-(mittel-)deutschen Bezieher bei der Deutschen Bundesbank (Deutschen Notenbank) eingezahlte DM-West (DM-Ost) über eine VE in eine DM-Ost (DM-West) für den mittel-(west-)deutschen Lieferanten und Zahlungsempfänger. Im Hinblick auf den Verrechnungsverkehr wird daher von östlichen Vertretern immer wieder behauptet, daß 1 DM-West mit 1 VE und 1 DM-Ost identisch seien, dabei aber geflissentlich die bei der Deutschen Notenbank vorgenommenen Buchungen über das Preisausgleichskonto übersehen. Die Umrechnung über die VE kann schon deshalb nichts über die Kaufkraftparität oder den Wert beider Währungen aussagen, da im Interzonenhandel auch bei Lieferungen der Ostseite grundsätzlich das westdeutsche Preisniveau zugrunde gelegt wird.

Das Berliner Abkommen enthält neben dem Textteil mit den oben behandelten Regelungen des Waren- und Zahlungsverkehrs eine Reihe von Vereinbarungen, die nach Art. XVIII wesentlicher Bestandteil des Abkommens sind und ihm als Anlagen beigefügt wurden. — Die Anlagen enthalten u. a. Vereinbarungen beider Notenbanken über die Abwicklung der Zahlungen bei den Dienstleistungen.

Berlin sollte nach den Zusatzvereinbarungen ebenfalls mit einem angemessenen Anteil am Interzonenhandel beteiligt werden, doch erzielte man keine Übereinkunft in der von der Westseite erhobenen Forderung, die Sicherheit des Güter- und Personenverkehrs von und nach Berlin als wesentlichen Bestandteil des Abkommens anzusehen. Die Nichtanerkennung dieser Forderung und häufige Behinderungen des Berlin-Verkehrs durch sowjetische und mitteldeutsche Stellen führten dazu, daß der bereits am 6. Juli 1951 paraphierte Vertrag erst am 20. September 1951 in Kraft treten konnte. Der Interzonenhandel kam indessen aus politischen Gründen schon im November 1951 wieder zum Erliegen. Er wurde erst Mitte Mai 1952 wieder aufgenommen[14],

---

[14] In der Zwischenzeit — um die Jahreswende 1951/52 — wurde auf Betreiben der am Interzonenhandel interessierten Wirtschaftskreise lediglich das nach den Warenpositionen benannte „Fisch-Glas-Geschäft" abgeschlossen, das Lieferungen jeder Seite in Höhe von etwa 10 Mill. VE vorsah und das entgegen dem im Berliner Vertrag ausgesprochenen Verbot als Kompensationsgeschäft vereinbart wurde.

nachdem die Bundesrepublik und die „DDR" auf der Grundlage des Berliner Vertrages Warenlisten für vordringliche Lieferungen ausgetauscht hatten, die bis zum 31. Juli 1952 abgewickelt sein sollten und die in jeder Richtung Lieferungen in Höhe von 63 Mill. VE vorsahen.

Als *Rechtsgrundlagen* des Interzonenhandels sind inzwischen auf beiden Seiten eine Fülle von Gesetzen, Verordnungen, Richtlinien und sonstigen Bestimmungen auf der Grundlage des Berliner Abkommens erlassen worden. Auf mitteldeutscher Seite müssen hier vor allem genannt werden:

1. das „Gesetz zum Schutze des innerdeutschen Handels" vom 21. April 1950[15] (mit seinen diversen Durchführungsbestimmungen), welches Warenbegleitscheinpflicht für zwischen der „DDR" und Berlin (West) transportierte Güter (und für bestimmte Güter sogar zwischen der „DDR" und Berlin [Ost]) vorsah;

2. die „Verordnung zum Schutze des innerdeutschen Warenverkehrs" vom 26. Juli 1951[16], die die Ausdehnung der Warenbegleitscheinpflicht auf den „gesamten Warenverkehr zwischen dem Gebiet der ‚DDR' und dem übrigen Deutschland" vorsah;

3. das Zollgesetz vom 28. März 1962[17], das u. a. die beiden obengenannten ablöste.

In der Bundesrepublik sind Rechtsgrundlage des Interzonenhandels — wie bereits erwähnt — die alliierten „Devisenbewirtschaftungsgesetze"[18]. Bei den zu ihrer Durchführung ergangenen Verordnungen sind vor allem zu nennen:

1. die Interzonenhandelsverordnung vom 18. Juli 1951[19], die u. a. Warenbegleitschein- und Bezugsgenehmigungspflicht für im Interzonenhandel verbrachte Güter vorschreibt;

2. die Interzonenhandels-Durchführungsverordnung (in der Neufassung) vom 22. August 1958[20], die die allgemeinen Bestimmungen der Interzonenhandelsverordnung konkretisiert. Sie legt z. B. die Mitwirkung der Bundesbehörden bei der Erteilung der Warenbegleitscheine und der Bezugsgenehmigungen fest. Daneben enthält sie genaue Vorschriften über Form, Handhabung, Antragstellung, Genehmigung, zu verwendende Formulare der Warenpapiere usw.

Außerdem sind auf der Westseite die „Allgemeinen Ausnahmegenehmigungen zur Interzonenhandels-Verordnung", die „Interzonenhandels-

---

[15] Gesetzblatt der DDR 1950, S. 327.

[16] Gesetzblatt der DDR 1951, S. 705.

[17] Gesetzblatt der DDR I/1962, S. 42.

[18] Für die amerikanische und britische Besatzungszone das Militärregierungsgesetz Nr. 53, für die französische Besatzungszone die Verordnung Nr. 235.

[19] Bundesgesetzblatt I/1951, S. 463.

[20] Bundesanzeiger Nr. 175/1958.

Runderlasse" — von beiden gibt es eine stattliche Anzahl — und die „Bekanntmachungen zu den Interzonenhandels-Runderlassen" sowie die sonstigen Bekanntmachungen zu nennen. Hierin und in einer Vielzahl von weiteren Einzelvorschriften sind sämtliche Detailfragen geregelt.

3. Die Zeit nach dem Berliner Abkommen

Die im Mai 1952 beschlossene Warenliste beendete endgültig den über ein Jahr bestehenden vertraglosen Zustand im Interzonenhandel, der durch die Vorgriffsvereinbarung vom Februar 1951 überbrückt wurde. Sie war die erste Warenliste, die nach Abschluß des Berliner Vertrages auch erfüllt wurde, da die dem Abkommen selbst beigefügten Listen nicht zur Abwicklung gelangten. Ihr folgte am 1. August 1952 eine neue Warenliste, die bis zum Ende des Jahres abgewickelt sein sollte. Sie sah westdeutsche Bezüge im Wert von 208 Mill. VE und Lieferungen in Höhe von 198 Mill. VE vor; die Differenz entsprach dem Passivsaldo der Dienstleistungsbilanz.

Die nach monatelangen Verhandlungen für das Jahr 1953 aufgestellte Warenliste sah Lieferungen jeder Seite im Werte von 408 Mill. VE vor. Davon sollten über Konto I und II Güter in Höhe von 308 Mill. VE und über das Konto IV die restlichen Produkte verrechnet werden.

Auf den einzelnen Konten wurden in diesen Jahren folgende Güter bzw. Gütergruppen abgerechnet (vom Westen aus gesehen):

Konto I: *Bezüge:* Zucker, Getreide, Benzin, Dieselkraftstoff, sonstige Mineralöle.

Lieferungen: Öle, Fette, Vieh, Fleisch, Futtermittel, Kakao, Düngemittel, Häute — Felle, Gießereierzeugnisse, Kesselanlagen, Schnittholz.

Konto II: *Bezüge:* Textilerzeugnisse, Maschinen, chemische Erzeugnisse, landw. Erzeugnisse, Papier- und Druckereierzeugnisse, Glas und Keramik.

Lieferungen: Landw. Erzeugnisse, Maschinen, Textilerzeugnisse, Elektrotechnik, Leder und Schuhe, Papier- und Druckereierzeugnisse, Eisen-, Blech-, Metallwaren, Kurzwaren.

Konto IV: *Bezüge:* Grubenholz, Braunkohlenbriketts, sonstige Bergbauerzeugnisse.

Lieferungen: Eisen und Stahl, Steinkohle, NE-Metalle.

Das bei der Erteilung der Warenbegleit- und Bezugscheine auf westlicher Seite bis dahin praktizierte *Zuteilungsverfahren* (durch Zuteilungsausschüsse) wurde durch das *Reihenfolgeverfahren* (d. h. das Eingangsdatum der Anträge bei der Landesbehörde ist entscheidend) ersetzt. Daneben gab es die sogenannten Prioritäten, d. h. man erteilte für Ernährungsgüter im Interesse zur Verbesserung der materiellen Versorgung der mitteldeutschen Bevölkerung vorrangig Warenbegleitscheine. Durch eine am 24. Juni 1953 getroffene Vereinbarung wurde eine Swingerhöhung von je 10 auf je 20 Mill. VE für die Konten I und IV beschlossen.

Die am 18. Dezember 1953 unterzeichneten Warenlisten für das Jahr 1954 sahen auf der Liefer- und Bezugsseite je 548 Mill. VE vor. Die dann für 1955 vereinbarten Warenlisten sahen insgesamt Lieferungen von 1 Mrd. VE, im einzelnen folgende Werte vor: Konto I 180 Mill. VE, Konto II 620 Mill. VE, Konto IV 200 Mill. VE. Der Saldo des Dienstleistungskontos III in Höhe von rund 40 Mill. VE wurde wie bisher über das Konto II der „weichen" Waren abgerechnet. — Hierbei einigte man sich, für das Konto II erstmals nur eine Globalsumme festzulegen. Auf die bis dahin geübte Praxis der Spezifikation der einzelnen Warenpositionen und der Festsetzung von Wertgrenzen für die Hauptwarengruppen wurde westlicherseits verzichtet. Für die Konten I und IV wurden Wertgrenzen nur noch für die Hauptwarengruppen festgelegt und ebenfalls die hier stets ins einzelne gegangenen Spezifikationen fallengelassen. Ein weiteres Zugeständnis an Mitteldeutschland bestand in der Erhöhung des Swings von 50 auf 100 Mill. VE.

Im Jahre 1957 wurden einige technische Änderungen vereinbart. Die in den einzelnen Jahren nicht völlig abgewickelten Warenlisten und die daraus resultierenden Überschneidungen zwischen den Anrechnungsjahren und den tatsächlichen Lieferungen führten im Laufe der Zeit zu Unübersichtlichkeiten und unterschiedlichen Auffassungen über den Stand der Konten. Daher wurde beschlossen, die bisherigen Konten mit dem Jahre 1957 auslaufen zu lassen. Die neuen Konten rückten in der Bezeichnung um jeweils vier Ziffern auf. Das bisherige Dienstleistungskonto III hatte z. B. nunmehr die Nummer VII. Verhandlungsgegenstand war weiterhin die Erhöhung des jährlichen permanenten Dienstleistungssaldos zuungunsten Mitteldeutschlands. Dieser betrug 1956 bereits 60 Mill. VE gegenüber rd. 40 Mill. VE in den Vorjahren. Die Ostseite wollte diesen Saldo wie bisher über das „weiche" Warenkonto ausgleichen, während die westdeutschen Unterhändler Barzahlung der zusätzlichen 20 Mill. VE forderten. Der schließlich zustande gekommene Kompromiß sah vor, daß je 10 Mill. VE über die „harten" Warenkonten — nunmehr V und VIII — und die restlichen 40 VE wie bisher über das Konto VI abgerechnet werden sollten. Man beschloß, jeweils zum Quartalsende das Dienstleistungskonto durch Überträge nach dem Verhältnis 1 : 4 : 1 auf die Konten V, VI, VIII glattzustellen.

Der *Dienstleistungsverkehr* hat sich nach dem Ausweis des Bundeswirtschaftsministeriums[21] folgendermaßen entwickelt[22].

---

[21] Siehe die jährlichen Berichte zur Entwicklung des Interzonenhandels im Bundesanzeiger.

[22] Es ist zu beachten, daß das hier wiedergegebene Konto III bzw. VII nicht alle Dienstleistungen erfaßt. Über die Einschränkungen siehe die Ausführungen unter III Ziffer 1) bei den „methodischen Vorbemerkungen".

Die Dienstleistungen des Konto III in Mill. DM

Jahr	Lieferungen 1)	Bezüge 2)	Saldo
1954	56,4	9,3	47,1
1955	57,5	16,0	41,5
1956	73,8	14,2	59,6
1957	67,8	15,3	52,5
1958	63,9	16,6	47,3
1959	81,4	18,0	63,4
1960	103,2	18,8	84,4
1961	93,3	16,7	76,6
1962	61,7	16,1	45,6
1963	73,1	23,9	49,2
1964	123,6	28,4	95,2

1) Vom Westen erbrachte — aktive — Dienstleistungen. — 2) Vom Westen beanspruchte — passive — Dienstleistungen.

Der Umfang der ausgetauschten Dienste ist bis auf geringfügige Ausnahmen in der Dienstleistungsvereinbarung vom 3. Februar 1951[23] geregelt. Dienstleistungen in diesem Sinne sind Kosten und Vergütungen, die im Zusammenhang mit der Beförderung von Gütern stehen, oder sonstige Leistungen. Dies sind u. a.: Fracht-, Charter-, Speditions-, Hafen-, Umschlags-, Lager-, Montage-, Gerichts-, Messe- und Ausstellungskosten, Schlepplöhne, Transportversicherungsprämien, Bankspesen, Bankzinsen, Kosten der Rechtshilfe und Urkundenbeschaffung, Vergütung für Makler, Vertreter, Agenturen, Schadenersatzzahlungen aufgrund gesetzlicher oder vertraglicher Haftung, Patent- und Warenzeichengebühren, Lizenzzahlungen sowie Grenzabfertigungsgebühren.

Auch für den Dienstleistungsverkehr ist eine amtliche Genehmigung erforderlich. Ausgenommen hiervon sind lediglich die bereits beim Warenverkehr mitgenehmigten Nebenleistungen. Eine Aufgliederung der Dienstleistungen zeigt bei den wichtigsten Positionen für 1962 folgendes Bild[24] (nur Konto III):

Aktivseite (West)

in Mill. VE

1. Seefrachten 17,5
2. Frachten und Transportnebenleistungen 7,3
3. Hafenkosten (einschl. Umschlags- und Lagerkosten, Schlepplöhne, Transportversicherungsprämien) 0,5
4. Vertreterprovisionen 7,4
5. Lizenzen (einschl. Aufführungsrechte) 1,9
6. Gebühren für Benutzung beweglicher Gegenstände (Kesselwagen) 1,7
7. Saldo aus der Abrechnung der Deutschen Bundesbahn und Deutschen Reichsbahn 13,6

---

[23] Bundesanzeiger Nr. 180/1954 (Neufassung).
[24] Unveröffentlichtes Material des Bundesamtes für gewerbliche Wirtschaft.

Passivseite (West)

1. Frachtkosten 7,5
2. Seefrachten 0,5
3. Messe- und Ausstellungskosten 1,4
4. Hafenkosten 0,7
5. Montagekosten 0,3
6. Lizenzen 0,3
7. Saldo aus der Abrechnung der Mitropa und der Deutschen Schlafwagengesellschaft 0,4

Ende der fünfziger Jahre wurden folgende Abmachungen zur Entwicklung und Erleichterung des Interzonenhandels getroffen:

1. Zwei Sondervereinbarungen vom 20. November 1958 und vom 5. März 1959, die zusätzlich zu den bestehenden jährlichen Warenlisten Lieferungen jeder Seite in Höhe von 160 Mill. VE vorsahen. Ausgetauscht werden sollten Braunkohlenbriketts, Weizen und Dieselkraftstoff gegen Steinkohle. Die Verrechnung erfolgte über ein zu diesem Zwecke errichtetes „Sonderkonto A". Hierfür standen der SBZ insbesondere sowjetische Weizenüberschüsse zur Verfügung, andererseits lagen in Westdeutschland bedeutende Steinkohlenvorräte auf Halden.

2. Die am 14. November 1957 unterzeichneten Warenlisten waren erstmals für zwei Jahre gültig. Sie galten für 1958 und 1959 in gleicher Höhe und Struktur.

3. Die Vereinbarung über die Errichtung des „Sonderkontos S" zum 1. Januar 1958 (als Anlage 5 zum Berliner Abkommen). Hierbei handelt es sich um kein Verrechnungskonto im üblichen Sinne, sondern um ein auf DM-West lautendes Konto der Deutschen Notenbank bei der Deutschen Bundesbank. Die Ostseite sollte erstmalig Gelegenheit haben, außerhalb der Warenlisten gegen Barzahlung westdeutsche Produkte zu erwerben. Die westdeutschen Warenlieferungen über dieses Konto waren allerdings an bestimmte Bedingungen geknüpft. Sie erfolgten erst nach Eingang der Zahlung. Außerdem waren sie nur möglich, wenn der östliche Partner die eigenen Lieferverpflichtungen aus den Warenlisten voll erfüllt hatte. Gedacht war bei der Einrichtung des Sonderkontos hauptsächlich an Eisen- und Stahllieferungen, an denen Mitteldeutschland damals erhebliches Interesse zeigte. Das „Konto S" erreichte nur in den Jahren 1959 und 1960 mit 22,3 bzw. 67 Mill. DM-West (davon allein 40 Mill. DM-West für Eisen- und Stahllieferungen) eine nennenswerte Höhe[25]. Danach wurde von dieser Sonderregelung kaum noch Gebrauch gemacht, obwohl der SBZ aus Außenhandelsgeschäften bzw. Einnahmen aus dem Berlin-Verkehr (Autobahn- und Wasserstraßengebühren sowie Einnahmen aus dem Betrieb der Berliner S-Bahn)[26] erhebliche Barbeträge in DM-West zugeflossen sind. Damit ist zunächst ein interes-

---

[25] In den Jahren 1958, 1961 und 1962 wies es 0,6, 1,8 und 2,0 Mill. DM-West auf.

[26] Für das Jahr 1955 hat man diese Einnahmen auf 100 Mill. DM-West und für 1960 auf 160 Mill. DM-West geschätzt.

santer Versuch, den engen Rahmen des innerdeutschen Güteraustausches aufzulockern, gescheitert.

Im Jahre 1960 wurden für den gesamtdeutschen Warenverkehr weitere wichtige Neuregelungen beschlossen; allerdings folgte der Vereinbarung vom 16. August 1960 zur Neuordnung des Interzonenhandels zunächst noch die Kündigung des Berliner Abkommens durch die Bundesrepublik am 30. September 1960, aufgrund der Behinderungen des innerstädtischen Berlin-Verkehrs (Einführung von Passierscheinen für westdeutsche Ostsektorbesucher). Erst nach sehr langwierigen Verhandlungen zwischen der Treuhandstelle und Vertretern des Ministeriums für Außenhandel und Innerdeutschen Handel, die sich bis zum 29. Dezember 1960, also fast bis zum Ablauf der Kündigungsfrist, hinzogen, gelang eine Übereinkunft darüber, daß das Berliner Abkommen weiterhin Grundlage des innerdeutschen Handels sein sollte. Gleichzeitig einigte man sich darauf, daß die am 16. August 1960 geschlossene Vereinbarung zum Berliner Vertrag wie ursprünglich vorgesehen am 1. Januar 1961 in Kraft treten sollte.

Die Verbesserungen bestanden u. a. in der unbegrenzten Gültigkeitsdauer der ausgehandelten Warenlisten. Diese Forderung war von der Ostseite schon seit 1956 in den alljährlichen Verhandlungen immer wieder erhoben worden. Sie resultiert, wie bereits eingehend ausgeführt, aus dem Bedürfnis der langfristigen Planung, für mehrjährige Zeiträume sichere Dispositionsmöglichkeiten zu gewinnen. Die Neuerung brachte in den Interzonenhandel ein stabilisierendes Moment, da sie den Abschluß und die Abwicklung langfristiger Lieferverträge erleichtert und fördert.

Eine Vereinfachung ergab sich auch aus dem Beschluß zur Reduzierung der Warenkonten. Künftig sollte es nur noch zwei geben, wobei die harten Waren (früher auf den Konten I und IV, später auf V und VIII abgerechnet) nunmehr auf dem Konto I und alle sonstigen Erzeugnisse auf Konto II abzuwickeln waren.

Das Konto I erfaßt nunmehr folgende Güter und deren Werte:

in Mill. VE je Kalenderjahr

1. B e z ü g e (des Westens)
    A. Forstwirtschaftliche Erzeugnisse
       (Gruben- und Rundholz) 5
    B. Erzeugnisse des Bergbaus (Braunkohlenbriketts usw.) 230
    C. Mineralölerzeugnisse 200
       davon: Dieselkraftstoff 95
              Vergaserkraftstoff (Benzin) 75
              Sonstige Mineralölerzeugnisse 30
    D. Erzeugnisse des Maschinen-, Fahrzeug-, Stahl-,
       Eisen- und Schiffbaus, elektrotechnische Erzeugnisse,
       Büromaschinen 100
    E. Erze, Roheisen, sonstige Erzeugnisse der eisenschaffenden Industrie und NE-Metalle 5
                                              insgesamt 540

2. Lieferungen (des Westens)
A. Erzeugnisse der eisenschaffenden Industrie, der Ziehereien und Kaltwalzwerke und der Schmiede-, Hammer- und Preßwerke 315
B. NE-Metalle 15
C. Erzeugnisse des Bergbaus 40
D. Erzeugnisse des Maschinen-, Fahrzeug-, Stahl-, Eisen- und Schiffbaus, elektrotechnische Erzeugnisse und Büromaschinen 170

insgesamt 540

Bei den Bezügen wurden von den ins Gewicht fallenden Gütern neu in den Kreis der harten Waren die Erzeugnisse des Maschinenbaus (einschließlich Büromaschinen) und der Elektrotechnik aufgenommen, die bisher über Konto II bzw. VI abgerechnet wurden, während die Mineralölprodukte (bisher Konto IV bzw. VIII) und Bergbauerzeugnisse (bisher Konto I bzw. V) schon immer dieser Gruppe angehört hatten. Auch bei den Lieferungen werden die Maschinenbauerzeugnisse und die Produkte der Elektrotechnik künftig zu den „harten" Waren gerechnet. Die unter A bis C fallenden Güter der Lieferseite — die bisher auf dem Konto IV bzw. VIII erfaßt wurden (nur Gießereierzeugnisse liefen über Konto I bzw. V) — verblieben nach wie vor in diesem Kreis. Nicht mehr zu den „harten" Waren gehörten von jetzt an sowohl liefer- als auch bezugsseitig gewisse landwirtschaftliche Produkte, z. B. Öle, Fette, Vieh, Fleisch, Kakao, Häute, Felle sowie Zucker und Getreide.

Die Umgruppierung und Reduzierung der Warenkonten sind vor allem für die Ostseite zum Vorteil. Beispielsweise besteht nun für sie die Möglichkeit, Braunkohlenbriketts und Mineralölprodukte, für die als Abnehmer fast nur die Bundesrepublik in Betracht kommt, gegen Maschinenbauerzeugnisse und Elektroartikel zu tauschen, was vorher nicht der Fall war. Braunkohlenbriketts und Mineralölprodukte machten in den Jahren bis 1963 fast 50 vH der westdeutschen Bezüge aus und andererseits hatte Mitteldeutschland bei Maschinenbauerzeugnissen und Elektroartikeln einen hohen Einfuhrüberschuß, der in der Zeit von 1958 bis 1964 im Durchschnitt bei immerhin fast 90 Mill. VE jährlich gelegen hat. Allerdings treten auf der Lieferseite seit der Neuregelung Eisen und Stahl sowie Maschinenbauerzeugnisse als Konkurrenzgüter auf. Dies kann für die Ostseite besonders dann zum Problem werden, wenn der westdeutsche Markt nicht bereit ist, in verstärktem Umfang mitteldeutsche Braunkohlenbriketts und Mineralöle aufzunehmen.

Für den Interzonenhandel insgesamt brachte die Neuregelung eine größere Elastizität und für beide Seiten eine erhöhte Variationsmöglichkeit, da sich seitdem größere Warengruppen jedes einzelnen Kontos gegenüberstanden. Das Prinzip, nur „gleiche" Waren zu tauschen, wurde hierdurch etwas gelockert. Das Konto II ist seither insgesamt nicht mehr begrenzt. Dasselbe gilt auch für die Warengruppen. Lediglich für einige Positionen sind Abkommenswerte festgesetzt. Bei den bezogenen

Gütern sind z. B. Zucker mit 25 Mill. VE, Schweinefleisch mit 45 Mill. VE und Getreide mit 15 Mill. VE, bei den gelieferten Erzeugnissen Vieh und Fleisch mit 45 Mill. VE sowie Fische und Fischwaren mit 25 Mill. VE festgelegt.

In diesem Zusammenhang ist es wichtig, auf die nach der administrativen Handhabung unterschiedlichen Kategorien der im Interzonenhandel getauschten Güter hinzuweisen. Danach gibt es *Waren mit Abkommenswerten* und *Waren ohne Wertgrenzen*. Zu der ersten Gruppe gehören — nach der Neufassung des Berliner Vertrages vom Jahre 1960 — sämtliche Erzeugnisse des Kontos I und die wenigen bereits genannten Ausnahmen bei den Produkten des Kontos II. Bis zur Höhe der festgesetzten Abkommenswerte können Bezugsgenehmigungen und Warenbegleitscheine ausgegeben werden. In den Kreis der Waren ohne Wertgrenzen fallen alle übrigen Produkte des Kontos II. In der Genehmigungspraxis wird allerdings auf der Westseite aus Gründen der Marktpflege eine sogenannte *autonome Wertbegrenzung* vorgenommen, durch die nachträglich sowohl nicht limitierte Güter kontingentiert werden oder diejenigen mit Abkommenswerten eine zusätzliche Beschränkung erfahren können. Bei der behördlichen Freigabe der für Kauf und Verkauf bestimmten Produkte sind die offenen und die wertbegrenzten Ausschreibungen — beide erscheinen als „Bekanntmachungen" der Bundesregierung im Bundesanzeiger — zu unterscheiden. Die Waren mit ausgeschriebenen Wertgrenzen spielen besonders bei den Bezügen des Kontos II[27] eine Rolle, wo sie in dem jährlichen Bericht der Bundesregierung auch gesondert ausgewiesen werden. Hier fallen sie allerdings ganz beträchtlich ins Gewicht. Ihr Anteil an den gesamten Bezugsgenehmigungen dieses Kontos betrug in den letzten Jahren immerhin fast ein Drittel.

Ein aufschlußreiches Bild über das Verhältnis der „freien" Warenbezüge zu den durch wertbegrenzte Ausschreibungen bzw. durch Abkommenswerte kontingentierten Gütern zu den Gesamtbezügen geben in diesem Zusammenhang die folgenden Zahlen, die dem Regierungsbericht über die Erfüllung der Warenlisten für die einzelnen Jahre entnommen sind. Zugrunde gelegt sind dabei die Genehmigungen für den Bezug der Waren und nicht die tatsächlich erfolgten Bezüge. Die vH-Angaben zeigen u. a., daß die kontingentierten Güter der Bezugsseite auch seit 1961[28] noch immer fast zwei Drittel aller Bezüge ausmachen.

Das Verhältnis der wertlimitierten zu den wertoffenen Ausschreibungen auf dem Konto II ist bei den einzelnen Gütergruppen durchaus

---

[27] Auf der Lieferseite gibt es sie nur noch im Druckaustausch, bezugsseitig beim Konto I bei einigen wenigen Produkten, so u. a. bei Haushaltsnähmaschinen, Flach- und Rundstrickmaschinen, bei Zubehörteilen für Textilmaschinen, bei Roheisen, Ferrochrom, Ferrosilizium, Ferromangan.

[28] Ein Vergleich mit den vorangegangenen Jahren ist wegen der erfolgten Kontenumgruppierung nicht möglich.

Die erteilten Bezugsgenehmigungen nach Konten und Abkommenswerten der Waren sowie nach wertbegrenzten und offenen Ausschreibungen

	Einheit	1961	1962	1963	1964
Warenbezüge insgesamt — Konto I und II	Mill. VE	903	954	1 081	1 158
Konto I	Mill. VE	490	512	547	488
Konto II	Mill. VE	413	442	534	670
Offene Ausschreibungen des Kontos II	Mill. VE	284	295	366	493
Wertbegrenzte Ausschreibungen des Kontos II	Mill. VE	129	147	168	177
Anteil der wertbegrenzten Ausschreibungen am gesamten Konto II — Zeile 5 : 3 —.	vH	31	33	32	26
Anteil der wertbegrenzten Ausschreibungen an den Warenbezügen insgesamt — Zeile 5 : 1 —.	vH	14	15	16	15
Anteil der durch wertbegrenzte Ausschreibungen und Abkommenswerte kontigentierten Güter an den Warenbezügen insgesamt — Zeile 2 + 5 : 1 —.	vH	69	69	66	57

Quelle: Bundesanzeiger Nr. 39/1962, 41/1963, 30/1964, 46/1965.

unterschiedlich und zum Teil recht hoch, wie aus den folgenden Angaben — vH-Anteile — zu ersehen ist:

	Landwirtschaft	Textilien
1961	42	36
1962	52	32
1963	58	25
1964	48	22

Auf dem Textilsektor ist der Anteil der wertbegrenzten Genehmigungen gegenüber den Gesamtgenehmigungen ständig gesunken. Er hatte 1955 noch 64 vH und 1958 52 vH betragen[29]. Dieser Rückgang ist darauf zurückzuführen, daß gerade in diesem Bereich eine deutliche Differenz zwischen ausgestellten Bezugsgenehmigungen und tatsächlich erfolgten Bezügen zu verzeichnen ist. Dies ist einmal aus dem Aufbau von gleichartigen Industrien in der Bundesrepublik und zum anderen aus der Tatsache zu erklären, daß gerade diese Erzeugnisse in hohem Maße Qualitätsanforderungen und Modeeinflüssen unterworfen sind, wobei Mitteldeutschland das erstrebte und oft beschworene „Weltniveau" häufig nicht erreicht.

---

[29] Berliner Wirtschaft, 6. Jg., S. 264 und 9. Jg., S. 280.

Neben den beiden größten Positionen des Kontos II — den Textilerzeugnissen und landwirtschaftlichen Produkten — spielen auf der Bezugsseite wertbegrenzte Ausschreibungen noch in den Zweigen Glas und Keramik, Steine und Erden sowie Eisen-, Stahl-, Blech-, Metall- und Kurzwaren eine Rolle, wo die Anteile der wertbegrenzten Genehmigungen an den Gesamtgenehmigungen in der Reihenfolge der genannten Industriezweige auch heute noch 85, 50 und 25 vH betragen, wenngleich nicht zu verkennen ist, daß diese Quoten seit 1961 leicht rückläufig sind.

Für die straffe Kontingentierung bei diesen Gütern waren ursprünglich sowohl allgemein-politische als auch wirtschaftspolitische Momente maßgebend. So ist z. B. in der Glas- und keramischen Industrie sowie bei den Textilien der Anteil der Flüchtlingsbetriebe in Westdeutschland besonders hoch. Diese Unternehmen sollten zunächst durch die Kontingentierung der Einfuhren aus der SBZ vor einer existenzbedrohenden Konkurrenz geschützt werden. Darüber hinaus wird der Schutz aber auf ganze Branchen und Wirtschaftsbereiche ausgedehnt.

Die Kontingentierung sowohl durch die in den Warenlisten festgelegten Abkommenswerte als auch durch die autonome Wertbegrenzung, das zentrale Ausschreibungs- und Genehmigungsverfahren sowie die oben bereits behandelte Preisüberwachung sind somit die im Interzonenhandel angewandten Mittel der Bundesregierung zur direkten Steuerung der Bezüge aus Mitteldeutschland und damit indirekt auch der Lieferungen. Während in der ersten Zeit des Interzonenhandels der Schwerpunkt der westlichen Eingriffe auf der Lieferseite lag, hat er sich im Laufe der Zeit mehr auf die Bezugsseite verlagert.

Neben der unbegrenzten Gültigkeitsdauer der Warenlisten und der Reduzierung der Warenkonten brachte die Vereinbarung vom 16. August 1960 als dritte größere Veränderung, die *doppelte Barzahlungsklausel*. Dies bedeutet:

1. Am 30. Juni jeden Jahres wird der Gesamtschuldenbetrag aller Konten einer Seite innerhalb eines Monats durch Barzahlung in DM-West über das Sonderkonto S ausgeglichen.

Mit dieser Vereinbarung sollte der Swing seine alte Funktion als Toleranzbereich und damit als Regulator des gegenseitigen Warenstromes bei temporären einseitigen Störungen wiedererhalten, die er durch ständige einseitige Inanspruchnahme verloren hatte. Die Forderung nach Kontenglattstellung war bereits 1956 von der Treuhandstelle erhoben worden. Der Barzahlungsausgleich ist bislang nur im Jahre 1963, in dem die Bundesrepublik einen Passivsaldo von 3,64 DM-West auszugleichen hatte, vorgenommen worden. Sowohl 1962 als auch 1964 verzichtete die Westseite darauf. 1965 soll er nach dem gegenwärtigen Stand der Dinge wieder durchgeführt werden.

2. Sollte an einem beliebigen Tage während der Vertragsdauer eine Seite die fälligen Zahlungen auf einem Konto nicht leisten können,

weil bei voller Ausnutzung des Swings keine Zahlungsmöglichkeiten mehr bestehen, so ist der fällige Betrag über das Konto S in DM-West zu leisten.

Hiermit hoffte man, die Ostseite zur sinnvollen Steuerung des Warenverkehrs zu veranlassen, weil man voraussetzte, daß sie keinen Devisenausgleich wünschte. Im Westen wollte man dadurch das Problem „Wartezimmer" lösen, das durch zeitweilige Diskrepanz zwischen Lieferungen und Bezügen entstanden war. Das Bundesamt für gewerbliche Wirtschaft glaubte diese Schwierigkeiten am besten durch vorübergehende Verweigerung der Liefergenehmigungen bereinigen zu können, um auf diese Weise einen Ausgleich zu erreichen. Der Passivsaldo der mitteldeutschen Wirtschaft resultierte aus einem fast unbegrenzten Warenhunger, dem nicht im gleichen Maße eigene Lieferungen entgegengesetzt werden konnten, da man im Westen gefragte Güter zum Teil wegen der hohen Ostblockexportverpflichtungen nicht liefern konnte bzw. andere Güter wegen der westdeutschen Marktlage keinen Absatz fanden oder wegen der straffen Kontingentierung nicht verkauft werden konnten.

Außerhalb der vertraglichen Abmachungen wurde von westlicher Seite mit der sogenannten Widerrufsklausel die Möglichkeit geschaffen, Genehmigungen für Lieferungen nach Mitteldeutschland bei Waren des Kontos I jederzeit zurückzuziehen, wobei den betroffenen Firmen gegebenenfalls Schadensersatz gewährt wird.

Die Vereinbarung von 1960 stellt einen Kompromiß dar, bei welchem die Bundesrepublik die doppelte Barzahlungsklausel gegen die unbegrenzte Gültigkeitsdauer der Warenlisten und die Neuregelung der Konten einhandelte. Für das Dienstleistungskonto wurde die Deckung über das Konto II vereinbart. Die Überträge erfolgten jeweils mit Vierteljahresschluß — vom 31. März 1961 an. Der Swing wurde von insgesamt 100 auf 200 Mill. VE erhöht, wobei auf beide Warenkonten die Hälfte entfällt.

Entwicklung und Warenstruktur

1. Methodische Vorbemerkungen

Bei der Auswertung des primärstatistischen Materials über den Interzonenhandel ergeben sich besondere Schwierigkeiten, da allein in der Bundesrepublik zwei amtliche Statistiken existieren, die sowohl für die Jahresgesamtsummen als auch für die einzelnen Warengruppen unterschiedliche Zahlenangaben ausweisen[30]. Es sind dies:

1. die Statistik des Bundeswirtschaftsministeriums, die vom Bundesamt für gewerbliche Wirtschaft erstellt wird. Sie wird als Jahresbericht auszugsweise im Bundesanzeiger publiziert;
2. die des Statistischen Bundesamtes, die seit 1950 in den Statistischen Berichten über den: „Interzonenhandel des Bundesgebietes und West-Berlins mit dem Währungsgebiet der DM-Ost" bzw. „Warenverkehr zwischen den Währungsgebieten der DM-West und der DM-Ost" monatlich erscheint und Viertel-, Halbjahres- und Jahreszusammenfassungen bringt.

Die Zahlenunterschiede lassen sich aus dem Sinn der Aufzeichnungen beider Institutionen erklären. Das Bundeswirtschaftsministerium sammelt das Material unter dem Gesichtspunkt der auf dem Berliner Vertrag basierenden Abmachungen, d. h. der auf dieser Grundlage ausgehandelten Warenlisten sowie der dort festgelegten Regeln des Zahlungsverkehrs und des Abrechnungssystems. Das Statistische Bundesamt hingegen interessiert der tatsächlich über die Deutschland heute trennenden Grenzen hinweggehende Warenverkehr, unabhängig von dem Verrechnungs- und Zahlungsmodus und den Warenlisten. Ausgangsmaterial des Statistischen Bundesamtes sind die Warenbegleitscheine; erfaßt werden daher nur die warenbegleitscheinpflichtigen Gütersendungen[31].

Im einzelnen ergeben sich die *Differenzen der Zahlenangaben beider Bundesbehörden* aus folgenden Ursachen:

1. Das Statistische Bundesamt erfaßt im Gegensatz zum Bundeswirtschaftsministerium auch Transaktionen, die nicht im Berliner Abkommen begründet sind. Das sind die unentgeltlichen Lieferungen und

---

[30] Daneben gibt die mitteldeutsche Zentralverwaltung für Statistik für die Bezüge und Lieferungen jährliche Gesamtzahlen bekannt, die jedoch nicht aufgegliedert sind.

[31] Hierzu gehören auch die bereits erwähnten Kleinlieferungen und Kleinbezüge.

Bezüge, soweit sie nicht von der Warenbegleitscheinpflicht befreit sind[32]. Hierzu gehören: Geschenke Privater oder von Institutionen, Unterstützungen und Kompensationsgeschäfte, sowie Rückwaren bei Mängelrüge, Ersatzlieferung für beanstandete Waren und Messegut.

2. Die Position Lohnveredelung[33] wird beim Statistischen Bundesamt brutto und beim Bundeswirtschaftsministerium netto gezählt; das eine Mal werden danach sowohl der Bezug (bzw. die Lieferung) des Rohmaterials als auch der Wert des veredelten Produktes in voller Höhe als Lieferung (bzw. Bezug) ausgewiesen, während bei der anderen Methode nur die Veredelungskosten erfaßt werden. Allein hieraus erklärt sich bei Zugrundelegung heutiger Größenordnungen eine jährliche Differenz von je ca. 20 Mill. VE auf der Bezugs- und der Lieferseite.

3. Der „Warenverkehr auf ausländische Rechnung" fehlt beim Ausweis des Bundeswirtschaftsministeriums, während er vom Statistischen Bundesamt erfaßt wird, da diese Güterbewegungen aufgrund des Außenwirtschaftsgesetzes warenbegleitscheinpflichtig sind. Dies sind solche Lieferungen bzw. Bezüge, bei denen ein Ausländer west- bzw. mitteldeutsche Erzeugnisse über die Zonengrenze verkauft und transportiert. Sie fallen nicht unter die Warenlisten des Interzonenhandels und den hier eingerichteten Zahlungs- und Verrechnungsverkehr. Es handelt sich hierbei vorwiegend um Güter, deren Austausch auf der Bezugsseite durch straffe Kontingentierung und auf der Lieferseite durch Ausfuhrbeschränkungen „interzonenhandelsgehemmt" ist[34].

In der ersten Hälfte der fünfziger Jahre spielte neben diesen Formen des innerdeutschen Güteraustausches der „illegale" Handel eine nicht unbeträchtliche Rolle. Dazu zählten i. w. S. auch private Konpensationsgeschäfte und die Transaktionen über ausländische Händler und über Auslandsgrenzen; es waren also alle jene Güterströme, die außerhalb der Interzonenhandelsvereinbarungen existierten und teilweise noch

---

[32] Nicht warenbegleitscheinpflichtig sind Päckchen und Pakete (bis zu 7 kg), Geschenke natürlicher Personen an natürliche Personen (im Wert bis zu 5000 DM), Transitgüterbewegungen, Übersiedlungs-, Erbschafts-, Ausstattungsgut.

[33] Sie spielt als aktive und auch als passive Lohnveredelung auf dem Textil- und Chemiesektor eine Rolle. Aktive Lohnveredelung im Textilbereich ist die Baumwollzwirnerei, in der chemischen Industrie das sogenannte Fettsäuregeschäft. Die Lohnveredelung ist auf der Passivseite für Mineralöl, Süßwaren, Produkte der Fleischverarbeitung und sonstige Schlachtnebenprodukte und auf der Aktivseite für Erzeugnisse der Ziehereien, Kaltwalzwerke, Stahlverformung, Feinmechanik-Optik sowie für EBM-Waren und Gießereierzeugnisse im Rahmen des Interzonenhandels nicht gestattet (siehe hierzu R. Sieben a.a.O. S. 38).

[34] Hiervon zu unterscheiden ist der Warenverkehr über Drittländer — also alle jene Güterströme, die sich in den Außenhandelszahlen zumindest eines dritten Landes niederschlagen und nicht über die Zonengrenze laufen. Hierüber liegen keine Angaben vor. Es wird nur in Einzelfällen bekannt, daß z. B. über Italien mitteldeutsche Textilien in die Bundesrepublik gelangen und andere Erzeugnisse über andere Länder den umgekehrten Weg nehmen.

existieren. Bis zur Mitte der fünfziger Jahre wurden die illegalen Geschäfte bis zu 200 vH des legalen Interzonenhandelsumsatzes geschätzt. Seitdem ist der illegale Güteraustausch, vor allem wegen der veränderten äußeren Umstände, erheblich zurückgegangen.

4. Das Bundeswirtschaftsministerium weist im Gegensatz zum Statistischen Bundesamt auch die Dienstleistungen aus. Hierbei ist jedoch zu beachten, daß die im Konto III ausgewiesenen Beträge nicht dem tatsächlichen Dienstleistungsaustausch entsprechen. Es fehlen z. B. jene Transportkosten und Nebenleistungen des Warenaustausches, die über die einzelnen Warenpositionen abgerechnet werden. So sind in neuerer Zeit die Transportkosten für Eisen- und Stahllieferungen sowie für den Bezug von Mineralölprodukten zum großen Teil in den Rechnungsbeträgen für die einzelnen Warengruppen direkt enthalten. In diesem Zusammenhang ist es wichtig, darauf hinzuweisen, daß in den Wertangaben der einzelnen Warenpositionen die Preise teils „ab Werk", teils „frei Grenze" und teils „frei Bestimmungsort" gestellt sind, je nachdem, wie die Partner kontrahiert haben. Dieser Tatbestand erschwert eine Beurteilung der „reinen Warenwerte" bei den einzelnen Positionen. —

5. Eine weitere Ursache von Abweichungen bei den ausgewiesenen Zahlen liegt in der zeitlichen Zuordnung. Die Angaben des Statistischen Bundesamtes wiesen in der Vergangenheit zum Teil beträchtliche zeitliche Verzerrungen auf, die hauptsächlich aus der Abwicklung der „Globalpapiere" — Genehmigungen für Verträge, die sukzessive durch Einzellieferungen erfüllt werden — resultieren; die Zuordnung der Lieferungen und Bezüge erfolgte jeweils für die Periode, in der die statistischen Unterlagen anfielen[35]. Das Bundeswirtschaftsministerium hat dagegen aufgrund der Zahlungseingänge und der Betriebsmeldungen Korrekturen vorgenommen.

Bei den im Anhang aufgeführten Tabellen handelt es sich um die Angaben des Statistischen Bundesamtes, die trotz allem aus mehreren Gründen für den Darstellungszweck geeigneter erschienen.

2. Die Entwicklung 1950 bis 1964

Zahlenmäßig zeigt die Entwicklung des Interzonenhandels eine beachtliche Steigerung. Die nominalen Umsätze im gesamtdeutschen Güteraustausch erhöhten sich von 1950 bis 1964 immerhin auf das fast Dreifache. Diese Feststellung ist allerdings mit den bereits in den

---

[35] Die Sammelwarenbegleitscheine und die Sammelbezugsgenehmigungen werden nach der völligen Abwicklung aller Warenbewegungen vorgelegt. Heute arbeitet das Statistische Bundesamt mit Zwischenberichten der Zolldienststellen und hat seit einigen Jahren diese Verzerrungen größtenteils eliminiert. — Das Bundesamt für gewerbliche Wirtschaft hat zur besseren zeitlichen Erfassung in den letzten Jahren ein Meldesystem der Firmen eingerichtet, das sowohl die Liefer- als auch die Bezugsseite betrifft. Teils werden die Betriebe in den Ausschreibungen dazu verpflichtet, Meldung zu erstatten, teils werden sie extra befragt.

methodischen Vorbemerkungen gemachten Einschränkungen zu versehen. Insbesondere muß auf die in den Anfangsjahren stark verbreiteten privaten Kompensationsgeschäfte, den illegalen Handel und den Warenverkehr auf ausländische Rechnung hingewiesen werden. Darüber hinaus war bis 1952 Berlin (West) nicht in die Daten einbezogen. Unter Berücksichtigung dieser Fakten war die Entwicklung des innerdeutschen Warenverkehrs schwächer. Auch beim Vergleich der Steigerungsraten des auswärtigen Güteraustausches Mitteldeutschlands insgesamt (Zunahme 527 vH) und des Interzonenhandels (281 vH) in der Berichtsperiode zeigt sich nach den mitteldeutschen Quellen eine relativ schwache Entwicklung des Interzonenhandels.

Eine nähere Betrachtung der Zahlenreihe der Interzonenhandelsumsätze, die getrennt nach Lieferungen und Bezügen durch die folgenden Zahlen des Statistischen Bundesamtes wiedergegeben werden, zeigt zweimal eine rückläufige Entwicklung, wobei der Einschnitt des Jahres 1951 besonders kraß ist. Hier erreichte der innerdeutsche Güteraustausch seinen absoluten Tiefpunkt — gegenüber 1950 sanken die Umsätze auf faßt ein Drittel —, von dem er sich nur langsam erholte. Erst 1954 konnte wieder das Volumen des Jahres 1950 erreicht werden. Ein Ausweichen der mitteldeutschen Handelsorgane auf andere westliche Industrieländer führte — wie weiter unten statistisch zu belegen sein wird — zu einer sinkenden Beteiligung des Interzonenhandels am mitteldeutschen Außenhandel, die in dieser Zeit den niedrigsten Stand

Die Entwicklung des innerdeutschen Warenverkehrs 1950 bis 1964

Jahr	in Mill. VE				Zunahme gegenüber 1950 in vH			Zunahme gegenüber dem Vorjahr in vH		
	Bezüge	Lieferungen	Umsatz	Saldo	Bezüge	Lieferungen	Umsatz	Bezüge	Lieferungen	Umsatz
1950	414,6	330,0	744,6	— 84,6	.	.	.	.	.	.
1951	145,3	141,4	286,7	— 3,9	—65,0	—57,2	—61,5	—65,0	—57,2	—61,5
1952	220,1	178,5	398,8	— 41,8	—56,8	—45,9	—46,4	18,4	12,0	36,9
1953	306,9	271,3	578,1	— 35,6	—26,0	—17,8	—22,4	39,3	52,0	45,0
1954	449,7	454,5	904,2	4,8	8,5	37,7	21,4	46,5	67,5	56,4
1955	587,9	562,6	1 150,5	25,3	41,8	70,5	54,5	30,7	23,8	27,2
1956	653,5	699,2	1 352,7	45,7	57,6	111,9	81,7	11,2	24,3	17,6
1957	817,3	846,0	1 663,3	28,7	97,1	156,3	123,4	25,1	21,0	23,0
1958	858,2	800,4	1 658,6	— 57,2	107,0	142,5	122,8	5,0	— 5,4	— 0,3
1959	891,7	1 078,6	1 970,3	—186,9	115,1	226,8	164,6	3,9	34,8	18,8
1960	1 122,5	959,5	2 082,0	163,0	170,7	190,8	179,6	26,2	—11,0	5,5
1961	940,9	872,9	1 813,8	— 68,0	126,9	164,5	143,6	—16,2	— 9,0	—12,9
1962	914,4	852,7	1 767,1	— 61,7	120,5	158,4	137,3	— 2,8	— 2,3	— 2,6
1963	1 022,3	859,6	1 881,9	—162,7	146,6	160,5	152,7	11,8	0,8	6,5
1964	1 027,4	1 151,0	2 178,4	123,6	147,8	248,8	192,6	0,5	33,9	15,8

Quelle: Statistisches Bundesamt, Warenverkehr zwischen den Währungsgebieten der DM-West und der DM-Ost; 1964.

überhaupt erreichte. Erst seit 1955 kehrten in der Länderstruktur des auswärtigen Warenverkehrs Mitteldeutschlands wieder „normale" Verhältnisse ein und stabilisierte sich die Interzonenhandelsquote auf einem Niveau von etwa 11vH.

Zur Begründung des Rückgangs im Jahre 1951 und des niedrigen Standes der folgenden Jahre wird man mehrere Ursachen anführen müssen. Vor allem sind hier zu nennen: die Nachwirkungen des Stahlembargos vom Jahre 1950, das aus politischen Gründen erfolgte Unterlassen jeder Interzonenhandelstätigkeit vom November 1951 bis Mai 1952 und das Fehlen einer vertraglichen Grundlage für den Warenaustausch, das in starkem Maße den illegalen Handel und die privaten Kompensationsgeschäfte gefördert hatte. Allerdings waren mit der Vorgriffsvereinbarung vom Februar 1951 und mit den Warenlisten des Berliner Vertrages vom September 1951 Rahmenwerte vorgegeben; sie sind dann aber nicht einmal ausgeschöpft worden, bzw. wurde mit der Realisierung nicht einmal begonnen.

Als weitere Ursache wird man Lieferschwierigkeiten der Sowjetzone anführen müssen. Die mitteldeutsche Wirtschaft stand damals noch immer unter dem Druck von Reparationslasten, und ihr Produktionsvolumen war durch die sich anbahnende Ostblockverflechtung sowie durch die beginnende langfristige Planung stark beansprucht. Hingewiesen werden muß aber auch auf die Schwierigkeiten, die sich auf westdeutscher Seite durch die alliierte Außenhandelskontrolle ergaben. Insbesondere waren gewisse Embargobestimmungen zu beachten. Darüber hinaus sind allgemeine psychologische Faktoren erwähnenswert, hervorgerufen durch die weltweite Spannung der Koreakrise, die sich politisch negativ auswirkten und die das allgemeine Verhandlungsklima beeinträchtigten.

In dieser Periode sind bei den Lieferungen die Produkte des Maschinenbaus sowie Eisen und Stahl und bei den Bezügen die landwirtschaftlichen Güter besonders stark zurückgegangen. Auf die besondere strategische und politische Bedeutung der genannten Erzeugnisse auf der Lieferseite ist schon hingewiesen worden.

Die Zeit nach 1953 ist durch eine stetige Aufwärtsentwicklung des innerdeutschen Güteraustausches — von der Stagnation des Jahres 1958 abgesehen — gekennzeichnet, die dazu führte, daß die Zweimilliarden-Umsatzgrenze 1960 erstmals überschritten werden konnte. Eine derartige Entwicklung war vor allem deshalb möglich, weil politische Belastungsproben ausblieben und sich technische Verbesserungen in der Abwicklung der Interzonenhandelsgeschäfte positiv auswirkten.

Seit 1960 zeigt die Entwicklung ein differenziertes Bild; die Umsätze waren im Jahre 1961 um 13 vH rückläufig, eine Tendenz, die sich auch 1962 noch fortsetzte. Hierbei übertraf die Einbuße bei den Bezügen Westdeutschlands diejenige der Lieferungen. Die unterschiedliche Minderung ist einmal als Ausgleich zeitlicher Verschiebungen bei Bezügen und Lieferungen[36] zu verstehen, zum anderen ist sie wohl auch auf die schlechte Situation in der mitteldeutschen Landwirtschaft im Jahre 1961 zurückzuführen, da die Erzeugnisse dieses Sektors besonders stark an dem Rückgang beteiligt waren. Ab 1963 setzt dann zwar erstmals eine Steigerung ein; sie verteilte sich jedoch für die beiden letzten Jahre wiederum sehr ungleichmäßig auf Lieferungen und Bezüge, und zwar jeweils entgegengesetzt. Während die hohe Zuwachsrate bei den Bezügen der Bundesrepublik im Jahre 1963 ihre Ursache in der Saldenglattstellung zur Jahresmitte hatte, ist die Stagnation auf der Bezugsseite im Jahre 1964 — bei einer Zunahme der Lieferungen um 34 vH — vor allem durch die gegenwärtigen Preiseinbußen auf dem Mineralölsektor zu erklären; die Erlöse aus dem Verkauf von Mineralölprodukten sind 1964 gegenüber dem Vorjahr von 216 Mill. VE auf 66 Mill. VE zuzüglich 75 Mill. VE Ausgleichszahlungen der Bundesregierung, zurückgegangen, wodurch insbesondere das Konto I notleidend wurde. Diese Entwicklung gibt für die Zukunft des Interzonenhandels — bisher machten diese Erzeugnisse ein Fünftel sämtlicher Bezüge aus — insofern Anlaß zu Bedenken, als sich zur Zeit kaum Möglichkeiten abzeichnen, das Mineralölproblem entweder durch eine Weiterzahlung der Subventionen durch den Westen oder durch einen Einnahmeverzicht (je t) des Ostens zu lösen[37]. Eine größere Umstrukturierung der Bezüge erscheint zudem sehr schwierig. Außerdem kommt hinzu, daß durch östliche Erzeugnisse der jährliche passive Dienstleistungssaldo Mitteldeutschlands mitgedeckt werden muß, der seit 1960 auf durchschnittlich immerhin 70 Mill. VE im Jahr angewachsen ist. Andererseits ist gegenwärtig im Westen die Bereitschaft zur Erhöhung des Swings von derzeit 200 auf 500 Mill. VE nicht allzu groß, wie es seit längerem von der Ostseite gefordert wird. Eine grundsätzliche Lösung der gegenwärtigen Schwierigkeiten ließe sich wahrscheinlich nur im Rahmen größerer Veränderungen erreichen, die in einer Kombination der Neugestaltung des Kontos I, der Erhöhung des Swings und der Bereitschaft der Westseite zum verstärkten Bezug mitteldeutscher Industrie- und Fertigerzeugnisse bestehen könnte.

Die nach 1960 insgesamt bemerkbare Zurückhaltung im innerdeutschen Güteraustausch hatte in erster Linie politische Gründe. Die

---

[36] Die Bezugsseite war von 1959 auf 1960 sehr expansiv, während die Lieferseite in dieser Zeit starke Rückgänge aufwies.

[37] Entsprechend einer EWG-Regelung wurden in der Bundesrepublik mit Beginn des Jahres 1964 die bisher auf Mineralölerzeugnisse gelegten Einfuhrzölle durch eine Mineralölsteuer abgelöst, die nun auch für die mitteldeutschen Öllieferungen galt. Für die mitteldeutsche Wirtschaft hätte dies eine Einnahmenminderung bedeutet, da die „DDR" vorher als Zollinland gegenüber dem westlichen Ausland preislich günstiger gestellt war. Im Interesse der Aufrechterhaltung des Interzonenhandels in seinem bisherigen Umfang erklärte sich die Bundesregierung für das Jahr 1964 zu einer Subventionierung der mitteldeutschen Vergaser- und Dieselkraftstofflieferungen in einer Gesamthöhe von 75 Mill. DM — bei einer Begrenzung der eingeführten Mengen auf 582 000 t — bereit. Mit der Einführung der Mineralölsteuer kamen gleichzeitig die Hydrierpräferenzen in Fortfall; allein hierdurch ist der SBZ ein Mindererlös von etwa 50 Mill. VE entstanden.

Ereignisse in und um Berlin und die damit verbundene Kündigung des Berliner Vertrages durch die Bundesregierung Ende September 1960 trugen entscheidend zur Politik der „Störfreimachung" in Mitteldeutschland bei. Hierunter wurde die Verminderung der Abhängigkeit von westdeutschen Bezügen verstanden. Zu den „Berlin-bedingten" Hemmnissen" traten jedoch zeitweilig oder permanent andere politische Einflüsse, die sich immer wieder negativ auf die beiderseitigen Lieferströme ausgewirkt haben. Sie haben die ohnehin heute schwachen wirtschaftlichen Bande zwischen beiden Teilen Deutschlands weiter gelockert und dazu beigetragen, daß der innerdeutsche Warenverkehr gegenwärtig nur noch einen geringen Teil jener Bedeutung für die Volkswirtschaft

Die Länderstruktur des mitteldeutschen Außenhandels [1)]
in vH der Umsätze

Jahr	Ostblock [2)]	Westliche Industrieländer [3)]	Interzonenhandel	Sowjetunion	Tschechoslowakei	Polen
1950	72,3	11,7	16,0	.	.	.
1951	76,2	17,8	6,0	.	.	.
1952	75,1	19,7	5,2	.	.	.
1953	77,8	11,0	6,8	45,7	5,9	11,3
1954	76,2	8,9	8,8	43,9	6,3	10,3
1955	72,1	9,4	10,9	38,3	6,7	9,7
1956	73,2	8,4	11,0	41,3	7,9	8,9
1957	73,5	7,0	11,4	45,1	7,6	7,4
1958	74,1	7,0	11,3	42,8	8,4	6,5
1959	76,2	6,4	11,1	45,0	8,0	7,0
1960	74,9	7,4	10,3	42,8	8,6	6,7
1961	76,0	7,7	9,3	43,8	9,9	6,9
1962	79,0	6,3	8,3	48,9	9,2	7,2
1963	78,6	6,4	8,7	48,6	8,9	7,1

[1)] Einschließlich Interzonenhandel, Bewertungsbasis fob. Gesamtausfuhr und Gesamteinfuhr; einschl. Lohnveredelung, Reexporte — ohne Umzugsgut, Geschenksendungen, Rückwaren. — [2)] Europäischer Ostblock und sonstige kommunistische Länder, einschließlich Jugoslawien, China und — seit 1960 — Kuba. — [3)] Sämtliche europäischen nichtkommunistischen Industrieländer, außerdem USA und Japan, ohne Bundesrepublik.

Quelle: Statistisches Jahrbuch der DDR 1955, 1958, 1960/61, 1964.

beider Gebiete hat, die er vor dem Kriege besaß. An die Stelle der starken innerdeutschen Wirtschaftsverflechtung ist — insbesondere auf der Ostseite — eine weitgehende Einbeziehung der mitteldeutschen Wirtschaft in den Ostblock getreten. Die überragende Stellung des Ostblocks geht eindeutig aus der folgenden Zusammenstellung hervor, die eine Übersicht der Umsatzanteile am mitteldeutschen Außenhandel — getrennt nach Blockhandel und den vier wichtigsten Handelspartnern — gibt. Die einseitige Ausrichtung auf die sowjetische Wirtschaft — sie vereinigt fast die Hälfte des mitteldeutschen Außenhandelsumsatzes auf sich[38] — wird deutlich sichtbar. Andererseits zeigt die Tabelle auch die heute noch relativ große Bedeutung des innerdeutschen Güteraustausches für die mitteldeutsche Wirtschaft, wenn man ihn am gesamten Außenhandel mißt[39] und insbesondere, wenn man ihn zum Warenverkehr mit den westlichen Industrieländern in Beziehung setzt. Neben dem dritten Rang, den die Bundesrepublik unter den Handelspartnern Mitteldeutschlands einnimmt, ist hierbei besonders die Tatsache erwähnenswert, daß das Handelsvolumen des Interzonenhandels — mit Ausnahme der Jahre 1951 bis 1954 — stets größer war als das mit allen westlichen Industrieländern zusammen, was sich trotz einiger spektakulärer Geschäftsabschlüsse mit führenden westlichen Industriestaaten auch 1964 noch nicht geändert hat[40].

Die Analyse der generellen Bedeutung des Interzonenhandels läßt indessen noch keine endgültige Beurteilung zu. Diese Lücke wird mit der im folgenden vorgenommenen Untersuchung der Warenstruktur auszufüllen versucht.

3. Die Warenstruktur

Die Tabellen VI bis IX geben, getrennt nach Wirtschaftszweigen und ausgewählten Erzeugnissen bzw. Erzeugnisgruppen sowie nach Bezügen und Lieferungen, eine detaillierte Übersicht über die Warenstruktur. Dabei ist sowohl bezugs- als auch lieferseitig das Überwiegen einiger weniger Gütergruppen kennzeichnend.

Bei den *Lieferungen* — immer vom Währungsgebiet DM-West aus gesehen — dominierten Eisen und Stahl, die landwirtschaftlichen Produkte (einschließlich Nahrungs- und Genußmittel), die Güter der chemischen Industrie und die Maschinenbauerzeugnisse, auf die zusammen fast drei Viertel des Wertes aller Lieferungen entfielen.

---

[38] Vgl. auch Wochenbericht des DIW Nr. 14/1965.

[39] Siehe Tabelle II.

[40] In dem Erfüllungsbericht zum Volkswirtschaftsplan 1964 (Die Wirtschaft Nr. 3/1965) gibt die mitteldeutsche Zentralverwaltung für Statistik für den Interzonenhandel ein Wachstum von 23 vH und für den Außenhandel mit dem „kapitalistischen Ausland" eine Steigerungsrate von 20 vH an, während der gesamte auswärtige Güterverkehr um 10 vH zugenommen haben soll.

[41] Abgesehen von den Jahren 1951 bis 1956, in denen, wie bereits dargelegt, eine durch außerökonomische Faktoren bedingte Drosselung der Maschinen- sowie Eisen- und Stahllieferungen zu verzeichnen war.

Der Anteil dieser vier Positionen insgesamt hat sich bemerkenswerterweise langfristig kaum verändert[41] — er betrug 1950 bereits 70 vH —, obwohl im einzelnen beträchtliche Schwankungen auftraten.

Die wichtigsten Gütergruppen der Lieferseite
in vH der Gesamtlieferungen

Jahr	Landwirtschaft [1])	Eisen und Stahl	Maschinen	Chemie	Gruppensumme
1955	27	14	6	15	62
1960	12	28	15	14	69
1961	8	38	13	13	72
1962	20	39	8	8	75
1963	21	31	9	12	73
1964	22	20	13	18	73

[1]) Einschließlich Nahrungs- und Genußmittel.
Quelle: Statistisches Bundesamt.

Im Bereiche der Landwirtschaft waren sie z. B. sehr groß und lagen zwischen 8 vH (1960) und 29 vH (1954). Seit 1962 ist aber die Beteiligung der landwirtschaftlichen Güter an den Gesamtlieferungen wieder auf über 20 vH angewachsen, wie aus den oben angeführten Zahlen hervorgeht. Insgesamt trat Mitteldeutschland gegenüber der Bundesrepublik eindeutig als Nettoimporteur von landwirtschaftlichen Erzeugnissen auf, wobei sich der seit 1954 kumulierte Einfuhrüberschuß auf insgesamt fast 450 Mill. VE belief. Hierbei betrug der Saldo in der Zeit von 1954 bis 1958 jahresdurchschnittlich 82 Mill. VE. Die Spitzen lagen in den Jahren 1956 und 1957 mit 100 und 125 Mill. VE. Seit 1962 hatte der Saldo einen Wert von 51, 40 und 77 Mill. VE. Nur in der Zeit 1959 bis 1961 haben die westdeutschen Bezüge von Ernährungsgütern die entsprechenden Lieferungen übertroffen.

**Der Interzonenhandel bei den Gütern
der Land- und Forstwirtschaft**
in Mill. VE

Jahr	Bezüge	Lieferungen	Saldo
1955	57	140	83
1960	180	116	− 64
1961	109	71	− 38
1962	118	169	51
1963	141	181	40
1964	177	254	77

Quelle: Statistisches Bundesamt.

Bei den Lieferungen handelt es sich in dieser Reihenfolge vorwiegend um pflanzliche und tierische Fette, Fleisch, Schlachtvieh, Tabak und Tabakerzeugnisse, Käse, Fische und Fischwaren sowie Häute und Felle, die zusammen seit 1960 rund 80 vH der Gruppenausfuhr ausmachten. Die pflanzlichen und tierischen Fette bilden 1964 erstmalig — mit einem Drittel der Gruppenausfuhr — die größte Position. Sie erreichen 1964 einen Lieferwert in Höhe von 90 Mill. VE und haben seit 1962 fast eine Vervierfachung erfahren.

An dem erneuten Anstieg der landwirtschaftlichen Güter seit 1962 waren Fleisch- und Schlachtviehlieferungen maßgeblich beteiligt, die 1962 und 1963 im Zusammenhang mit Rückgängen des Fleischaufkommens in diesem Jahr jeweils einen Wert von 50 Mill. VE und damit rund ein Viertel der Gruppenausfuhr erzielten. Sie sind 1964 allerdings wieder um die Hälfte gefallen. Einen leicht sinkenden Trend — sowohl bei den absoluten Werten als auch bei den vH-Anteilen der Gruppe — lassen die Fischlieferungen erkennen, die 1964 gegenüber 1955 um etwa ein Drittel abnahmen und sich gegenwärtig auf 20 Mill. VE belaufen.

Eine noch größere Konzentration auf einige wenige Erzeugnisse ist bei den Bezügen von Ernährungsgütern festzustellen, wo Getreide, Schweinefleisch und Zucker im Durchschnitt der letzten fünf Jahre mit über 70 vH an der Gruppeneinfuhr beteiligt waren. Die vorwiegend nach Berlin (West) gehenden mitteldeutschen Schweinefleischlieferungen, die 1958 mit 77 Mill. VE den höchsten Wert zu verzeichnen hatten, betrugen 1964 47 Mill. VE und waren damit etwa so hoch wie in den Jahren 1959 bis 1961.

Bemerkenswert sind die Getreidebezüge, da Mitteldeutschland selbst jährlich große Mengen — vornehmlich Weizen — importiert[42]. Ihr Wert betrug seit 1960 jährlich etwa 50 Mill. VE — mit Ausnahme von 1961 —. Sie waren mit durchschnittlich 30 vH an der Lieferung landwirtschaftlicher Güter beteiligt und bildeten damit insgesamt die größte Position dieser Gruppe.

Recht beachtlich für die mitteldeutsche Wirtschaft sind die (westlichen) Bezüge von Zucker, die insgesamt gesehen jedoch etwas rückläufig sind. Sie dürften gegenwärtig bei knapp 25 000 t liegen[43]. Damit beträgt ihr Anteil am gesamten mitteldeutschen Zuckerexport zur Zeit 10 bis 15 vH. Nur 1960 war dieser Anteil — mit 25 vH — größer[44].

Die Warenstruktur des innerdeutschen Güteraustausches bei den landwirtschaftlichen Erzeugnissen entspricht nahezu vollständig den

---

[42] Im Jahre 1963 waren es 1,70 Mill. t, davon kamen allein 1,55 Mill. t aus der Sowjetunion.

[43] 1958 waren es 23 000 t, 1959 46 000 t und 1960 33 000 t. Bei den hier und im folgenden angegebenen Mengen handelt es sich um bisher unveröffentlichtes Material des Statistischen Bundesamtes.

[44] Statistisches Jahrbuch der DDR 1964, S. 386.

Güterströmen vor dem Kriege. Damals schon war Mitteldeutschland mehr auf Getreide, Westdeutschland mehr auf Vieh spezialisiert[45]. Dies drückte sich in einem Nettoimport Mitteldeutschlands an Fleisch und Milchprodukten und einem Nettoexport an Zucker und Getreide aus. 1936 importierte dieses Gebiet 13 vH der Fleischwaren und 40 vH des Verbrauchs an Butter und Käse. Auch 1960 wurden 13 vH des Bedarfs an Fleisch und Fleischwaren und 35 vH des Bedarfs an Fettkäse aus Importen gedeckt, davon allein 8 vH aus der Bundesrepublik. Gegenwärtig dürfte dieser Anteil wesentlich höher liegen, da die Lieferungen bei Milchprodukten seit 1960 auf das Zweieinhalbfache gestiegen sind und sich 1964 auf 27 Mill. VE beliefen.

Neben den Maschinenbauprodukten sind die *Eisen- und Stahlerzeugnisse* die bedeutendste Gruppe der westdeutschen Lieferungen, die in der Zeit von 1957 bis 1963 mit einem zwischen 25 und 39 vH liegenden wertmäßigen Anteil an den Gesamtlieferungen zugleich die größte Position bildeten. Erst seit 1963 ist ein deutliches Sinken des Liefervolumens dieser Güter zu verzeichnen — 1963 um 18 vH und 1964 um

---

[45] Die Fakten und Zahlenangaben der Vorkriegszeit sind Arbeiten von Gleitze, Grünig und dem Economic Bulletin for Europe — siehe Literaturverzeichnis — entnommen.

Die Eisen- und Stahllieferungen im Interzonenhandel seit 1960

	1960	1961	1962	1963	1964
in Mill. VE:					
Eisen und Stahl gesamt	271,9	335,5	328,8	268,9	234,0
darunter: Warmwalzfertigerzeugnisse 1)	20,4	21,6	24,1	21,5	12,3
Kaltwalzwerks- und Ziehereierzeugnisse 2)	100,2	104,9	98,8	69,7	63,3
Bleche und Röhren	109,3	154,5	173,2	154,4	118,8
in vH der Gesamtlieferungen:					
Eisen und Stahl gesamt	28,3	38,4	38,6	31,3	20,3
darunter: Warmwalzfertigerzeugnisse	2,1	2,5	2,8	2,5	1,1
Kaltwalzwerks- und Ziehereierzeugnisse	10,4	12,0	11,6	8,1	5,5
Bleche und Röhren	11,4	17,7	20,3	18,0	10,3
in vH der Gruppe:					
Warmwalzfertigerzeugnisse	7,5	6,4	7,3	8,0	5,3
Kaltwalzwerks- und Ziehereierzeugnisse	36,9	31,3	30,0	25,9	27,1
Bleche und Röhren	40,2	46,1	52,7	57,4	50,8

1) Ohne Bleche und Röhren. — 2) Ohne Stahlverformung.
Quelle: Statistisches Bundesamt.

13 vH gegenüber dem Vorjahr —. Entsprechend sanken auch die Anteile dieser Gruppe an den Gesamtlieferungen von 39 auf 20 vH. Über die Entwicklung seit 1960 und die Aufgliederung der Gruppe in die größten Einzelpositionen gibt die folgende Zusammenstellung Auskunft.

Neben den genannten Eisen- und Stahlprodukten werden Erzeugnisse der Schmiede-, Preß- und Hammerwerke sowie der Stahlverformung, weiterverarbeiteter Walzstahl und Stahlhalbzeug nach Mitteldeutschland geliefert. Bis zum Jahre 1960 bezog die SBZ ferner Roheisen, das in der Zeit von 1955 bis 1960 jährlich einen Wert von 8 bis 12 Mill. VE erreichte. Im Vergleich zur Vorkriegszeit hat sich das Volumen der Lieferungen auch hier beträchtlich vermindert. Die Standortfaktoren bei Kohle und Erzen hatten dazu geführt, daß 1936 97 vH der gesamten deutschen Roheisenerzeugung, 91 vH der Erzeugung von Rohstahl und 88 vH der Fertigstahlproduktion im Gebiet der heutigen Bundesrepublik konzentriert waren. Mitteldeutschland bezog jährlich etwa 3,5 Mill. t Eisen und Stahl aus dem Westen. Im Jahre 1962 lieferte die Bundesrepublik nur etwa 300 000 t. Obwohl auch auf diesem Sektor durch beträchtliche Produktionssteigerungen[46] und durch Einfuhren z. B. aus der Sowjetunion[47] eine Kompensation der früheren westdeutschen Eisen- und Stahllieferungen erzielt worden ist, wird aber gegenwärtig noch ein nicht unbeachtlicher Anteil am Aufkommen und am Import, wie die folgenden Zahlen zeigen, aus Interzonenhandelsbezügen gedeckt. Hierbei gilt zu bedenken, daß feinere Unterteilungen des Eisen- und Stahlsektors mangels statistischen Materials nicht möglich sind, und so die hohen Lieferanteile Westdeutschlands am gesamten Verbrauch Mitteldeutschlands bei einigen speziellen Erzeugnissen (z. B. bei Tiefziehblechen und hochlegierten Stählen), die im Einzelfall bis zu einer überwiegenden Deckung des Bedarfs durch Interzonenhandelslieferungen gehen, nicht sichtbar gemacht werden können.

In einer näheren Aufgliederung zeigt die Position Eisen und Stahl für die Zeit 1961 bis 1963 folgende Mengen[48]:

---

[46] Die Produktion stieg von 1950 bis 1963 bei Walzblechen auf das Dreifache (bei Feinblechen nur auf das Doppelte), bei nahtlosen Stahlrohren auf das Elffache, bei Walzdraht auf das fast Achtfache und bei Kaltband auf mehr als das Fünffache. — Statistisches Jahrbuch der DDR 1964, S. 148.

[47] Mitteldeutschland bezog im Jahre 1963 aus der UdSSR folgende Mengen (in 1000 t): Roheisen 660, Stahlbleche 568, Sortenstahl 219, Rohre 88, Walzgut insgesamt 1261 und deckte damit den Einfuhrbedarf in der Reihenfolge der genannten Güter zu 100, 69, 38, 58, 71 vH aus der Sowjetunion. — Vgl. Wochenbericht des DIW Nr. 14/1965.

[48] Rückschlüsse auf andere Jahre aufgrund dieser Mengenangaben mit Hilfe der Wertstatistik können allerdings allzu leicht zu falschen Aussagen führen, da die Positionen zu global sind und man bei einer Änderung ihrer Zusammensetzung zu anderen Ziffern kommt. Als Beispiel sei hier genannt, daß die Wertstatistik selbst bei einer so eindeutig erscheinenden Position wie nahtlose Stahlrohre von 1962 auf 1963 einen wertmäßigen Rückgang aufweist, während die Mengen stiegen.

Eisen- und Stahllieferungen in 1000 t

Waren	1961	1962	1963
Bleche und Röhren			
davon Warm- und kaltgewalzte Bleche	93,1	120,5	120,1
Nahtlose Stahlrohre	36,6	33,0	34,0
Geschweißte Rohre	19,7	15,7	11,0
Kaltwalzwerks- und Ziehereierzeugnisse			
darunter Blankstahl	7,3	3,0	1,8
Kaltband	20,4	17,1	.
Präzisionsstahlrohre	17,2	20,2	13,1
Gezogener Draht	11,5	8,3	16,3
Warmwalzfertigerzeugnisse			
darunter Walzdraht	8,1	20,1	4,3
Stabstahl	12,6	5,4	4,4
Eisenbahnoberbaustoffe	0,6	0,3	25,3
Sonstige Eisen- und Stahlerzeugnisse			
darunter Stahlhalbzeug	72,5	18,9	13,8
Stahlverformung	2,1	2,2	1,4

Setzt man diese Mengenangaben des Interzonenhandels in Beziehung zum Aufkommen und Import Mitteldeutschlands, so ergibt sich bei einigen Gütergruppen für 1962 folgendes Bild (Mengen in 1000 t):

	Produktion [1]	Import [2]	Aufkommen	Importquote	Anteil d. Interzonenhandels (vH)	
					am Aufkommen	am Import
Warm- und kaltgewalzte Bleche	891,4	760,8	1 652,2	46,1	7,3	15,8
Nahtlose Stahlrohre	124,9	139,2	264,1	52,7	12,5	23,7
Geschweißte Rohre	56,6	50,0	106,6	46,9	14,3	30,4
Kaltband	64,4	24,6	89,0	27,6	19,2	69,5
Walzdraht	260,0	61,1	321,1	19,0	6,3	33,0
Eisenbahnoberbaustoffe [3]	147,6	208,7	356,3	58,7	7,1	12,1

[1] Statistisches Jahrbuch der DDR 1964, S. 148. — [2] Daselbst S. 387. — [3] 1963.

Ein anderer Bereich der Grundstoffindustrie, der neben der Metallurgie einen Engpaß für die mitteldeutsche Wirtschaft bildet, ist die *Steinkohle*. Bei sehr geringen eigenen Vorkommen bezog Mitteldeutschland vor dem Kriege den überwiegenden Teil des Bedarfs aus dem Ruhrgebiet und dem schlesischen Revier. Aus Westdeutschland wurden jährlich etwa 7 Mill. t Steinkohle und Steinkohlenkoks nach Mitteldeutschland geliefert. Damit wurden rund drei Viertel des dortigen Verbrauchs gedeckt. Die Nachkriegsentwicklung brachte eine Umorientierung des Imports auf den Ostblock. Heute ist die Sowjetunion — neben Polen und der Tschechoslowakei — der weitaus größte Kohlenlieferant. Die Steinkohlenimporte (einschl. Koks und Anthrazit) von dort betrugen 1963 7,3 Mill. t[49].

Die Interzonenhandelslieferungen für dasselbe Jahr lagen bei 0,47 Mill. t. Die Abhängigkeit der mitteldeutschen Steinkohlenwirtschaft vom Interzonenhandel ist, wie folgende Zahlen zeigen, gering: 1955 betrug der Interzonenhandelsanteil bei einer Importquote von 84 vH nur 3,2 vH des Gesamtaufkommens und nur 3,8 vH des Gesamtimports. Dieselben Quoten sind für 1962: 87 vH, 3,5 vH und 4,0 vH. Nur in den Jahren 1959, 1963 und 1964 gingen die westdeutschen Lieferungen erheblich über die sonst üblichen Mengen hinaus. Dementsprechend stiegen die Anteilswerte. 1963 betrug die Quote am Gesamtaufkommen 6,4 vH und an den Gesamtimporten 7,1 vH.

Daten zur mitteldeutschen Steinkohlenwirtschaft
in 1000 t

Jahr	Aufkommen gesamt [1])	Einfuhr gesamt	Interzonenhandel
1955	10 685	8 950	340
1958	11 705	9 850	675
1959	12 425	10 680	1 370
1960	12 155	10 555	455
1961	12 375	10 780	440
1962	13 330	11 850	470
1963	13 420	12 080	855
1964	13 725	13 720	945

[1]) Steinkohle einschließlich Steinkohlenkoks; unter Berücksichtigung der zur Koksproduktion benötigten Steinkohlenmengen, wobei als Umrechnungsfaktor 1,35 verwendet wurde.
Quelle: Produktion und Gesamteinfuhr: Statistisches Jahrbuch der DDR, Interzonenhandelslieferungen: „Zahlen zur Kohlenwirtschaft" in Verbindung mit Angaben des Statistischen Bundesamtes.

Der innerdeutsche Warenaustausch auf dem chemischen Sektor ist durch einen Nettoeinfuhrüberschuß Mitteldeutschlands gekennzeichnet, der sich seit 1960 wie folgt entwickelt hat:

---

[49] 1961 6,8 und 1962 8,2 Mill. t.

**Der Interzonenhandel mit chemischen Erzeugnissen
in Mill. VE**

Jahr	Bezüge	Lieferungen	Saldo
1960	77,4	136,3	58,9
1961	67,5	112,3	44,8
1962	51,7	71,4	19,7
1963	58,8	103,9	45,1
1964	75,6	204,3	128,7

Quelle: Statistisches Bundesamt.

Die Bezüge der Bundesrepublik an chemischen Erzeugnissen haben seit 1950 zwischen 7 und 12 vH aller Bezüge gelegen, jedoch ist sowohl bei den Quoten als auch im Volumen — läßt man das Jahr 1964 unberücksichtigt — ein leicht fallender Trend erkennbar. Die Entwicklung der Lieferungen verlief sehr wechselvoll. Nach starken Rückgängen in den Jahren 1961 und 1962 haben sie sich 1964 gegenüber dem Vorjahr fast verdoppelt. Während das Sortiment der bezogenen Chemieerzeugnisse sehr vielfältig ist, handelt es sich auf der Lieferseite vorwiegend um Kunststoffe (einschließlich Kunststofferzeugnisse, Gummi- und Asbestwaren), chemisch-technische Waren, Mineralfarben und Teerfarbstoffe sowie Phosphordüngemittel und Pharmazeutika, die 1963 zusammen 86 vH der Gruppenausfuhr erstellten.

An Kunstdüngern bezog Mitteldeutschland im Interzonenhandel bisher vor allem Phosphate, die bei der Einfuhr und beim Aufkommen ganz beträchtlich ins Gewicht fielen[50]. Neuerdings wird versucht, diese Importe auch auf Stickstoffdüngemittel auszudehnen[51], obwohl nach der mitteldeutschen Statistik im Jahre 1963 34 vH der nicht unerheblichen Eigenproduktion exportiert worden sind.

Der Interzonenhandel mit *Maschinen und maschinellen Anlagen* entspricht, wenn auch in ungleich kleineren Dimensionen, in seiner Struktur im wesentlichen den früheren gesamtdeutschen Verhältnissen, die durch Produktionszentren der Schwerindustrie in Westdeutschland und der Maschinen für die Leichtindustrie in Mitteldeutschland charakterisiert waren. Während sich der Werkzeugmaschinenbau ziemlich gleichmäßig über das gesamte Reichsgebiet verteilte[52], war die Textil- und Papiermaschinenindustrie vorwiegend in Sachsen beheimatet. Der Bau von Büromaschinen lag im Vorkriegsdeutschland zu 83 vH im

---

[50] Genauere Aussagen sind nicht möglich, da im Interzonenhandel teilweise die effektiven Mengen angegeben sind, 1961: 230 600 t, 1962: 77 600 t, 1963: 200 400 t, während die sowjetzonale Statistik in t P_2O_5 rechnet; die Produktion betrug danach für 1963 bei sämtlichen Phosphordüngern insgesamt 196 300 t 196 300 t P_2O_5 und die Einfuhr 45 010 t P_2O_5. — Statistisches Jahrbuch der DDR 1964, S. 148 und 387.

[51] Im Jahre 1964 wurden im Rahmen des Interzonenhandels Stickstoffdüngemittel im Werte von 56 Mill. VE nach Mitteldeutschland geliefert.

[52] 51 vH der Produktion waren in Westdeutschland, 29 vH in Mitteldeutschland.

mitteldeutschen Raum[53]. Die 1963 im Interzonenhandel bezogenen Büromaschinen im Werte von 12,9 Mill. VE waren auf dem westdeutschen Markt völlig unbedeutend[54]. Insgesamt weist der innerdeutsche Güteraustausch auf dem Maschinensektor einen Nettoimport Mitteldeutschlands auf[55].

Der innerdeutsche Güteraustausch mit Maschinenbauerzeugnissen
(einschließlich Stahlbau und Elektroartikel)
in Mill. VE

Jahr	Bezüge	Lieferungen	Saldo
1958	54,8	158,9	104,1
1959	63,3	186,1	122,8
1960	81,6	217,6	136,0
1961	73,4	171,9	98,5
1962	64,0	95,0	31,0
1963	58,2	104,4	46,2
1964	86,6	191,0	104,4

Quelle: Statistisches Bundesamt.

Ausgenommen hiervon waren lediglich die Jahre des allgemeinen Rückgangs des innerdeutschen Güteraustausches nach 1951, in denen die Lieferungen westdeutscher Maschinenbauerzeugnisse — neben denen des Eisen- und Stahlsektors — überproportional sanken, da besonders die Erzeugnisse des Schwermaschinenbaus als strategische Güter angesehen wurden und damit den Embargobestimmungen unterlagen. Im Durchschnitt der Jahre nach 1957 — erst von diesem Zeitpunkt an ist bei dieser Warengruppe wieder eine „Normalisierung" zu verzeichnen — belief sich der aktive Lieferungssaldo auf jährlich 50 Mill. VE (einschließlich Stahlbau und Elektroartikel sogar auf 90 Mill. VE). Während die westdeutschen Maschinenlieferungen in den Jahren 1962 und 1963 im Zusammenhang mit der sogenannten Störfreimachung stark zurückgingen, war die Nettoausfuhr nach Mitteldeutschland 1964 mit 104 Mill. VE wieder sehr hoch, da die mitteldeutsche Wirtschaftsverwaltung ein verstärktes Interesse für diese Erzeugnisse bekundete, um die weitgesteckten Ziele der Investitionsvorhaben des Perspektivplanes bis 1970 verwirklichen zu können. Mit dem

---

[53] Heute beträgt die mitteldeutsche Exportquote bei Büromaschinen durchschnittlich 80 vH.

[54] Die westdeutsche Statistik weist für 1963 einen Produktionswert von 1196 Mill. DM aus. — Statistisches Jahrbuch der Bundesrepublik 1964, S. 254.

[55] Im Vorkriegsdeutschland exportierten die Westzonen 17 vH ihrer Maschinenbauerzeugnisse nach dem übrigen Deutschland und bezogen 18 vH ihres Bedarfs von dort. Die gleichen Zahlen für Mitteldeutschland waren 32 und 40 vH.

forcierten Ausbau der chemischen Industrie in Mitteldeutschland hat sich bei den westdeutschen Lieferungen 1964 ein neuer Schwerpunkt herausgebildet. Der Wert der gelieferten Anlagen für die chemische Industrie[56] betrug in diesem Jahr erstmals 28,3 Mill. VE. Bisher umfaßte die größte Einzelposition Dieselmotorenteile, deren Wert im Jahresdurchschnitt seit 1958 bei 7 Mill. VE lag. Die Schwerpunkte bei den Maschinenbezügen aus Mitteldeutschland sind die Metallverarbeitungs- und Büromaschinen, die 1964 für 25 bzw. 13 Mill. VE von dort eingeführt wurden und die seit 1955 zusammen stets zwischen 60 und 70 vH der Gruppeneinfuhr ausmachten.

Auf der *Bezugsseite des Interzonenhandels* bilden noch vor den oben bereits behandelten landwirtschaftlichen, chemischen und Maschinenbauerzeugnissen vor allem die Güter des Bergbaus, der Mineralölwirtschaft und der Textilindustrie die gewichtigsten Positionen des Wertes aller mitteldeutschen Gegenlieferungen. Die Anteile der bedeutendsten Bereiche sind in den folgenden Zahlen wiedergegeben.

Die wichtigsten Gütergruppen der Bezugsseite
in vH der Gesamtbezüge

Jahr	Landwirtschaft 1)	Bergbau	Mineralöl 2)	Textilien 3)	Gruppensumme
1955	10	29	10	16	65
1960	16	24	19	13	72
1961	12	22	20	15	69
1962	13	26	22	11	72
1963	14	25	21	13	73
1964	17	25	6	18	66

1) Einschließl. Forstwirtschaft sowie Nahrungs- und Genußmittel. —
2) Einschließl. Kohlenwertstoffe. — 3) Einschließl. Bekleidung.
Quelle: Statistisches Bundesamt.

Die größte Einzelposition bei den Bezügen sind *Braunkohlenbriketts*. Die ganz überwiegend zum Hausbrand bestimmten Interzonenbezüge betrugen[57] (in 1000 t):

1955	1958	1959	1960	1961	1962	1963	1964
4 168	5 021	4 056	4 329	4 098	4 337	4 656	4 230

Die Bundesrepublik (einschl. Berlin-West) nimmt damit gegenwärtig knapp 70 vH der gesamten Brikettexporte der Zone auf[58]. In den Jahren

---

[56] Es handelt sich hierbei fast ausnahmslos um Anlagen der organischen Chemie, speziell zur Mineralölaufbereitung und Synthesegasherstellung, deren Lieferwert allein 20 Mill. VE betrug; ferner wurden für fast 6 Mill. VE Anlagen für die Bunaerzeugung geliefert.
[57] „Zahlen zur Kohlenwirtschaft" Heft Nr. 67, S. 39.
[58] Statistisches Jahrbuch der DDR 1964, S. 383.

1955 bis 1958 waren es noch 80 vH gewesen. Insgesamt weisen die mitteldeutschen Braunkohlenbriketts sowohl bei den Anteilen an den Gesamtbezügen — seit 1953 stets zwischen 22 und 28 vH schwankend — als auch beim Liefervolumen ein hohes Maß an Stetigkeit auf. Dieser war es zu verdanken, daß die Gesamtentwicklung in der Vergangenheit nicht noch unruhiger verlaufen ist.

An den *Erzeugnissen des Mineralölsektors*, die von 59 Mill. VE im Jahre 1955 auf 216 Mill. VE im Jahre 1963 anstiegen, waren Benzin und Dieselkraftstoff zu fast 90 vH beteiligt. Auf den hohen Anteil der mitteldeutschen Treibstoffe an den Gesamtbezügen, den starken Rückgang im Jahre 1964, deren Ursache und die sich daraus ergebende Problematik für den gesamten Interzonenhandel wurde bereits in anderem Zusammenhang eingegangen. Nach Angaben der westdeutschen Mineralölindustrie betrugen die mitteldeutschen Lieferungen an Motorenbenzin und Dieselkraftstoff (in 1000 t):

1955	1958	1959	1960	1961	1962	1963[1]	1964[1]
123,9	377,1	567,8	529,1	596,7	625,5	645,0	580,0

[1]) Geschätzt

Bei einer Benzinausfuhrquote von 31 vH im Jahre 1962[59] und einem Exportanteil bei Dieselkraftstoff von 24 vH betrugen die mitteldeutschen Kraftstoffausfuhren insgesamt 758 000 t, wovon allein 83 vH nach Westdeutschland geliefert wurden. Auf dem westdeutschen Markt fallen diese Mengen jedoch kaum ins Gewicht.

Im innerdeutschen Warenverkehr bei *Textilien und Bekleidung*, der durch einen Nettoeinfuhrüberschuß der Bundesrepublik gekennzeichnet ist, werden westdeutsche Textilrohstoffe und -halbfabrikate gegen mitteldeutsche Fertigerzeugnisse getauscht.

Der innerdeutsche Güteraustausch auf dem Textilsektor
in Mill. VE

Jahr	Bezüge	Lieferungen	Saldo
1960	147,2	48,3	− 98,9
1961	137,1	42,2	− 94,9
1962	103,1	29,3	− 73,8
1963	129,1	27,8	−101,3
1964	180,7	45,5	−135,2

Quelle: Statistisches Bundesamt.

Bei den letzteren handelt es sich vorwiegend um Wirk- und Strickwaren (1963 44 Mill. VE; davon 36 vH Strumpfwaren), Meterware

---

[59] Die Benzinherstellung betrug (alles in 1000 t) 1268, die Dieselkraftstofferzeugnug 1561. Die Ausfuhr betrug bei Benzin 388, bei Dieselkraftstoff 370 — siehe Statistisches Jahrbuch der DDR 1964, S. 150 und S. 383.

(14 Mill. VE), sowie Teppiche und Läufer (13 Mill. VE), die 1963 zusammen 55 vH der Gruppenbezüge ausmachten. Bei den Wirk- und Strickwaren war Mitteldeutschland vor dem Kriege konkurrenzlos, jedoch ist mit dem Aufbau der entsprechenden Produktionskapazitäten in Westdeutschland diese Position erheblich geschwächt worden.

4. Die Stellung Berlins (West) im Interzonenhandel

Die stillschweigende und faktische Einbeziehung Berlins (West und Ost) in die Abmachungen über die Gestaltung des Interzonenhandels geschah schon sehr früh. Eine vertragliche Regelung wurde erst im Frankfurter Abkommen getroffen, nach dem der Anteil Berlins (West) bei den Bezügen und Lieferungen auf je ein Drittel zu bemessen war. Auch das Berliner Abkommen vom September 1951 sah in Art. I Ziff. 3 vor, daß ein „angemessener Betrag" auf die Wirtschaft Berlins entfallen sollte. Die Quote von einem Drittel am Handelsumsatz wurde in der Vergangenheit nie erreicht, nicht einmal bei den Bezügen, deren Anteil den der Lieferungen weit überstieg.

Der Anteil Berlins (West) am Interzonenhandel
in vH

Jahr	Umsatz	Bezüge	Lieferungen
1952	17,1	21,9	11,1
1953	23,2	33,0	12,0
1954	15,9	24,5	7,4
1955	14,8	21,5	7,9
1956	14,2	20,2	8,5
1957	12,4	17,8	7,2
1958	16,1	23,1	8,5
1959	12,8	20,3	6,6
1960	12,4	16,4	7,7
1961	12,7	17,6	7,4
1962	13,0	18,1	7,6
1963	12,8	19,3	5,1
1964	12,4	21,9	3,8

Der Güteraustausch Berlins (West) mit Mitteldeutschland unterliegt trotz dieser Einbeziehung in erhöhtem Maße politischen Einflüssen. Hinzukommt, daß Berlin (West) heute trotz Begünstigung aufgrund traditioneller Handelbeziehungen und der geographischen Lage relativ wenig Güter produziert, die die östlichen Planungsbehörden zu importieren geneigt sind. Der Anteil Berlins am Warenverkehr mit dem Währungsgebiet der DM-Ost ist somit im Trend kleiner geworden, wie aus den folgenden Angaben ersichtlich ist.

Entwicklung und Warenstruktur

Der Interzonenhandel West-

	1958	1959	1960	1961	1962	1963	1964
	in Mill. VE						
Bezüge							
Getreide	7,3	—	5,6	—	15,2	29,1	37,9
Braunkohlenbriketts	47,2	45,4	45,1	38,9	46,2	55,9	47,7
Motorenbenzin	5,0	6,8	5,3	7,7	7,9	8,5	2,5
Dieselöl	3,1	1,8	2,2	3,7	3,4	8,3	3,9
Steine, Erden	9,5	9,9	11,4	10,6	10,0	13,6	15,5
Chemische Erzeugnisse	4,6	7,3	5,9	4,8	4,7	4,4	5,9
Schnittholz	3,5	7,2	6,4	8,3	9,3	10,2	10,3
Druckereierzeugnisse	7,9	7,2	8,0	7,0	6,0	5,2	5,8
Zucker	5,6	14,1	15,0	25,6	16,2	12,2	7,8
Frisches Schweinefleisch	74,8	52,1	46,5	32,2	25,2	21,6	44,2
Sonstige Produkte	29,6	28,9	32,9	26,6	21,8	28,2	43,1
Insgesamt	198,1	180,7	184,3	165,4	165,9	197,2	224,6
Lieferungen							
Steine, Erden	4,6	5,9	3,4	—	—	—	—
Maschinen	12,9	9,0	13,7	7,3	4,7	4,7	6,8
Stahlbau	4,9	4,2	1,8	2,3	2,7	0,4	0,4
Elektroartikel	18,3	20,6	22,3	19,4	7,7	8,2	9,7
Feinmechanik, Optik	2,9	4,9	5,3	5,6	3,3	2,2	2,3
Pharmazeutika	3,9	5,2	7,3	7,3	2,9	3,1	3,0
Druckereierzeugnisse	7,9	8,1	8,6	7,9	6,3	6,6	6,8
Wurst- und Fleischkonserven, tiefgefrorenes Fleisch	—	—	—	7,5	24,5	3,3	—
Sonstige Produkte	13,0	12,9	11,9	7,3	12,3	15,6	15,4
Insgesamt	68,4	70,8	74,3	64,6	64,4	44,1	44,4

1) Darunter 15,2 vH (= 6,7 Mill. VE) Stahlhalbzeug. — 2) Darunter 25,7 vH
Quelle: Statistisches Bundesamt, Warenverkehr zwischen den Währungsgebieten

Während der Interzonenhandel insgesamt aufgrund seiner bilateralen Konzeption ausgeglichen sein muß, betrug der Wert der Bezüge Berlins während des Berichtszeitraumes im Durchschnitt das Zweieinhalb- bis Dreifache der Lieferungen; im Jahre 1964 sogar das Fünffache (Lieferungen: 44,4 Mill. VE, Bezüge: 224,6 Mill. VE). Der Anteil der Stadt am gesamten innerdeutschen Güteraustausch lag 1964 bei 12,4 vH des Umsatzes. Während die Bezüge mit 21,9 vH am Interzonenhandel beteiligt waren, stellten die Lieferungen der Stadt nur 3,8 vH.

Die *Warenstruktur* weist auf der Bezugs- und Lieferseite — noch ausgeprägter als beim gesamten Interzonenhandel — einige Schwerpunktgüter auf. So waren 1964 die drei größten Positionen bei den Bezügen — Braunkohlenbriketts, Schweinefleisch und Getreide — mit mehr als der Hälfte an den Gesamtbezügen Berlins (West) beteiligt. Auf

Berlins nach Gütergruppen

1958	1959	1960	1961	1962	1963	1964
Anteile in vH						
3,7	—	3,0	—	9,2	14,8	16,9
23,8	25,1	24,5	23,5	27,8	28,3	21,2
2,5	3,8	2,9	4,7	4,8	4,3	1,1
1,6	1,0	1,2	2,2	2,1	4,2	1,7
4,8	5,5	6,2	6,4	6,0	6,9	6,9
2,3	4,0	3,2	2,9	2,8	2,2	2,6
1,8	4,0	3,5	5,0	5,6	5,2	4,6
4,0	4,0	4,3	4,2	3,6	2,6	2,6
2,8	7,8	8,1	15,5	9,8	6,2	3,5
37,8	28,8	25,2	19,5	15,2	11,0	19,7
14,9	16,0	17,9	16,1	13,1	14,3	19,2
100	100	100	100	100	100	100
6,7	8,3	4,6	—	—	—	—
18,9	12,7	18,5	11,3	7,3	10,6	15,3
7,2	5,9	2,4	3,6	4,2	0,9	0,9
26,8	29,1	30,0	30,0	12,0	18,6	21,8
4,2	6,9	7,1	8,7	5,1	5,0	5,2
5,7	7,4	9,8	11,3	4,5	7,0	6,8
11,5	11,5	11,6	12,2	9,8	15,0	15,3
—	—	—	11,6	38,0	7,5	
19,0	18,2	16,0	11,3	19,1	1)35,4	2)34,7
100	100	100	100	100	100	100

(= 11,4 Mill. VE) Stahlhalbzeug.
der DM-West und der DM-Ost.

Braunkohlenbriketts, für welche die Transportkostenvergünstigung besonders relevant ist, allein entfielen 1963 21,2 vH. Der Anteil Berlins an den gesamten Interzonenhandelsbezügen von Braunkohlenbriketts lag bei einem Viertel bis Fünftel. Damit wurde der Braunkohlenbrikettverbrauch der Stadt fast völlig gedeckt. Die Mengen der nach Berlin gelieferten mitteldeutschen Braunkohlenbriketts betrugen (in 1000 t):

1959	1960	1961	1962	1963	1964[1]
795,2	978,1	855,9	842,5	1122,0	950,0

[1] Geschätzt.

Auf dem Nahrungsmittelsektor hatten Getreide, frisches Schweinefleisch und Zucker bei den Bezügen aus Mitteldeutschland mit 14,8 vH,

11,0 vH und 6,2 vH im Jahre 1963 größere Bedeutung. Die Getreidelieferungen (Roggen und Gerste) sind in diesem Umfang mit 1962 erstmalig aufgetreten. Die Schweinefleischbezüge hatten 1958 noch 37,8 vH aller West-Berliner Bezüge ausgemacht. Sie sind nach einem Rückgang auf 11 vH 1964 wieder auf 20 vH gestiegen. Die bezogenen Mengen betrugen 1958 rd. 27 000 t und 1963 weniger als 10 000 t, womit sie etwa 10 vH des Berliner Bedarfs deckten. Der 1963 aus Mitteldeutschland eingeführte Verbrauchszucker dürfte bei 20 000 t gelegen haben, was einem Anteil am Verbrauch von rd. 30 vH entspricht.

Die tragenden Güter bei den Lieferungen nach Mitteldeutschland waren in der Vergangenheit und sind gegenwärtig noch Elektroartikel, Maschinen, Druckereierzeugnisse und Pharmazeutika. Der Anteil dieser Gütergruppen zusammen betrug 51 vH. Während die Lieferungen von Elektroartikeln und in noch stärkerem Maße von Maschinen seit 1961 — dem allgemeinen Trend des Interzonenhandels bei diesen Erzeugnissen entsprechend — einen Rückgang aufweisen, waren die Lieferungen von Druckereierzeugnissen relativ konstant. Als Besonderheiten seien die beträchtlichen Lieferungen von Stahlhalbzeug (fast 14 000 t) in den Jahren 1963 und 1964 sowie der Verkauf von Fleischwaren und tiefgefrorenem Fleisch im Wert von 24,5 Mill. VE 1962 genannt.

Schlußbemerkungen

Die in langer Tradition gewachsene deutsche Volkswirtschaft wurde durch die politische Nachkriegsentwicklung zerrissen. — Beide Teile wuchsen in diesem Desintegrationsprozeß in gegnerische politische und wirtschaftliche Machtblöcke hinein. Obwohl heute der innerdeutsche Handel nur einen Bruchteil der früheren Wirtschaftsverflechtung darstellt, ist er noch immer recht bedeutsam, insbesondere wenn man ihn am Ost- bzw. Westhandel beider Volkswirtschaften und am Außenhandelsanteil Mitteldeutschlands mißt.

Die mitteldeutsche Wirtschaft ist auch heute noch in starkem Maße auf den innerdeutschen Güteraustausch angewiesen.

Bei einigen Gütern, besonders auf dem Eisen- und Stahlsektor sowie bei einigen Maschinenbauerzeugnissen bestehen auch heute noch beträchtliche Abhängigkeiten. — Weitere Engpaßprodukte, die im Interzonenhandel bezogen werden, sind Ersatzteile für Energiemaschinen, Bauelemente der Hoch- und Niederfrequenztechnik, Ausrüstungsteile für den Schiffbau, Bauelemente für die Meß- und Regeltechnik, Häute und Felle, fast sämtliche Rohstoffe für die Leim- und Farbenindustrie sowie NE-Metalle. Auf der anderen Seite gibt der Interzonenhandel der SBZ die Möglichkeit, für Güter, die sonst schwer absetzbar wären (Braunkohlen), wertvolle Eisen- und Stahlprodukte sowie Maschinen zu beziehen. Der Erwerb gewisser Güter, die sonst nur gegen Devisen im westlichen Ausland zu bekommen wären, wird den mitteldeutschen Wirtschaftsorganen auf diese Weise erleichtert bzw. erst ermöglicht.

Ins allgemeine Bewußtsein gerückt wurde die relativ große Bedeutung des Interzonenhandels für die mitteldeutsche Wirtschaft in neuerer Zeit im Zusammenhang mit der Kündigung des Berliner Vertrages durch die Westseite im Herbst 1960 und den sich daran anschließenden Agitationsfeldzug Mitteldeutschlands zur „Störfreimachung". Reaktionen waren meistens nur vorübergehend festzustellen. Zunächst waren Rückgänge mitteldeutscher Bezüge bei Elektroartikeln und chemischen Produkten aufgetreten, die jedoch 1964 wieder nachgeholt wurden. Im Eisen- und Stahlsektor und bei den Maschinenbauerzeugnissen zeichnet sich in letzter Zeit eine unterschiedliche Entwicklung ab. Während bei Eisen und Stahl — nach einer Stagnation im Jahre 1962 — seit 1963 ein starker Rückgang zu verzeichnen ist, kann man bei den westdeutschen Maschinenlieferungen — nach einer rückläufigen Entwicklung in den beiden Vorjahren — seit 1963 wieder eine kräftige Aufwärtsentwicklung beobachten.

In letzter Zeit geht es der Ostseite vor allem um Investitionskredite, umschrieben als Erhöhung des Swings von derzeit 200 auf 500 Mill. VE, um den Verzicht auf einen jährlichen Saldenausgleich, die Aufhebung der Widerrufsklausel und die Beibehaltung bzw. Erhöhung der seit Anfang 1964 gewährten Subventionierung der östlichen Treibstofflieferungen.

Die aus politischen Gründen vorgenommene Kündigung des Berliner Abkommens im Jahre 1960 ist zugleich symptomatisch für die Schwierigkeiten, mit denen der Interzonenhandel ständig rechnen muß. Obwohl in der Warenstruktur an Erzeugungsprogramm und Bedarf dieser beiden Gebiete orientiert und damit der ökonomischen Analyse zugänglich, entzieht sich seine Entwicklung doch weitgehend dem Einfluß wirtschaftlicher Faktoren. Die Zunahme des Interzonenhandels im Laufe des Untersuchungszeitraums ist unter dieser Belastung um so stärker zu bewerten. Die politischen Einflüsse, die seiner kräftigen Ausdehnung entgegenstehen, spielen auf beiden Seiten eine Rolle, wenn sie auch unterschiedlich motiviert sind. Genauso gleichgerichtet ist aber auch das Interesse beider Seiten, an der Einrichtung des Interzonenhandels grundsätzlich festzuhalten.

Die Einbettung des Interzonenhandels in das jeweilige Wirtschaftssystem wirft daneben für die Westseite eine Vielzahl von Fragen auf, da eine liberale Handhabung, so wie sie im Außenhandel der Bundesrepublik im allgemeinen geübt wird, hier aus teils objektiven, teils subjektiven Gründen nicht möglich erschien. Die Praxis einer straffen staatlichen Kontrolle und Lenkung, mit deren Hilfe unerwünschte Entwicklungen ausgeschlossen werden können, deckt sich aber auch hier wiederum, wenigstens zum Teil, mit den Grundwünschen der Ostseite, für die der Außenhandel (und das ist der Interzonenhandel im wirtschaftlichen Sinne) planungsfähig sein muß, und der daher an festen vertraglichen Vereinbarungen mit spezifizierten Warenlisten gelegen sein muß, wenn in der Praxis auch keine vollständige Übereinstimmung zwischen diesen Warenlisten und den tatsächlichen Güterströmen bestanden hat, da — seit 1955 — nur 50 bis 80 vH aller vereinbarten Werte durch Warentransaktionen realisiert werden konnten. Die Erfüllungsquoten erhöhten sich im Laufe der Zeit und lagen bei den „harten" Waren wesentlich höher als bei den übrigen.

Die weitere Entwicklung des Interzonenhandels wird mit großer Sicherheit den gleichen Einflüssen unterliegen wie bisher. Man darf glauben, daß auch in Zukunft auf beiden Seiten Interesse daran bestehen wird, miteinander Handel zu treiben, daß aber der Interzonenhandel nicht ein derartiges Gewicht erhalten wird, daß die eine Seite durch ihn in eine von ihr als zu groß empfundene Abhängigkeit geriete, die andere aber sich dem Vorwurf ausgesetzt sähe, ein politisches System im anderen Teil Deutschlands durch wirtschaftliche Unterstützungen zu stärken. Im Zuge einer solchen Fortentwicklung scheint es zudem nicht

Schlußbemerkungen

ausgeschlossen, daß — wie sich schon in den letzten Jahren angedeutet hat — der Anteil der Bundesrepublik am gesamten Westhandel Mitteldeutschlands weiter zurückgeht. Für das Tempo eines solchen Prozesses wird, von unvorhersehbaren politischen Einflüssen abgesehen, entscheidend sein, wie sich die Lieferfähigkeit der SBZ hinsichtlich Quantität und Qualität bei den für westliche Länder in Frage kommenden Gütern verbessern läßt.

Die Bereitschaft westlicher Länder, im größerem Umfange auch Kredite zur Belebung ihrer Handelstätigkeit mit Mitteldeutschland einzusetzen, die gerade in jüngster Zeit größer zu werden scheint, kann ebenfalls zur Beschleunigung einer solchen Umorientierung des mitteldeutschen Westhandels beitragen.

Im Rahmen einer insgesamt steigenden außenwirtschaftlichen Verflechtung der mitteldeutschen Wirtschaft, die allein eine kräftige allgemeine Expansion gewährleisten kann, erlaubt eine derartige Entwicklung jedoch einen in seinem absoluten Umfang immer noch steigenden Warenverkehr zwischen beiden deutschen Landesteilen.

Statistischer Anhang

Tabelle I

Die Entwicklung des Interzonenhandels [1)]

in Mill. VE

Jahr	Bezüge			Lieferungen			Umsätze		
	Bundes-gebiet	Berlin (West)	insge-samt	Bundes-gebiet	Berlin (West)	insge-samt	Bundes-gebiet	Berlin (West)	insge-samt
1948	124,1	.	.	155,0	.	.	279,1	.	.
1949	205,8	.	.	221,7	.	.	427,5	.	.
1950	414,6	.	.	330,0	.	.	744,6	.	.
1951	145,3	.	.	141,4	.	.	286,7	.	.
1952	172,1	48,3	220,4	158,3	19,8	178,5	392,4	68,1	398,9
1953	205,5	101,4	306,9	238,7	32,5	271,3	444,2	133,9	578,1
1954	339,3	110,4	449,7	420,8	33,7	454,5	760,1	144,1	904,2
1955	461,4	126,5	587,9	518,3	44,3	562,6	979,7	170,8	1 150,5
1956	521,2	132,3	653,5	639,8	59,4	699,2	1 161,0	191,7	1 352,7
1957	671,5	145,8	817,3	784,8	61,2	846,0	1 456,3	207,0	1 663,3
1958	660.1	198,1	858,2	732,0	68,4	800,4	1 392,1	266,5	1 658,6
1959	711,0	180,7	891,7	1 007,7	70,8	1 078,6	1 718,7	251,5	1 970,3
1960	938,2	184,3	1 122,5	885,2	74,3	959,5	1 823,4	258,6	2 082,0
1961	775,5	165,4	940,9	808,3	64,6	872,9	1 583,8	230,0	1 813,8
1962	748,5	165,9	914,4	788,3	64,4	852,7	1 536,8	230,3	1 767,1
1963	825,1	197,2	1 022,3	815,5	44,1	859,6	1 640,6	241,3	1 881,9
1964	802,7	224,6	1 027,4	1 106,6	44,4	1 151,0	1 909,3	269,0	2 178,4

[1)] Einschließlich Lohnveredelung und einschließlich Warenverkehr auf ausländische Rechnung; ohne Dienstleistungen, ohne Strom und Gas.

Quelle: Statistisches Bundesamt; „Warenverkehr zwischen den Währungsgebieten der DM-West und der DM-Ost". Reihe 6, 1963 und 1964.

Tabelle II

Der Anteil des Interzonenhandels am Außenhandel Mitteldeutschlands
in Mill. Rubel

Jahr	Außenhandel [1]			Interzonenhandel			Anteil in vH		
	Umsatz	Ausfuhr [2]	Einfuhr [2]	Umsatz	Ausfuhr	Einfuhr	Umsatz	Ausfuhr	Einfuhr
1950	788,1	365,4	422,7	126,1	71,4	54,7	16,0	19,5	12,9
1955	2 205,8	1 150,3	1 055,5	240,8	122,8	118,0	10,9	10,7	11,2
1956	2 446,9	1 266,5	1 200,4	270,2	138,6	131,6	11,0	10,9	11,0
1957	3 083,6	1 629,7	1 453,9	349,7	184,2	165,5	11,4	11,3	11,4
1958	3 212,6	1 700,7	1 511,9	361,3	190,2	171,1	11,3	11,2	11,3
1959	3 702,4	1 909,3	1 793,1	412,5	206,8	205,7	11,1	10,8	11,5
1960	3 924,3	1 971,5	1 952,8	402,4	216,6	185,8	10,3	11,0	9,5
1961	4 029,9	2 035,3	1 994,6	373,8	196,9	176,9	9,3	9,7	8,9
1962	4 252,4	2 118,0	2 134,4	353,6	182,3	171,3	8,3	8,6	8,0
1963	4 489,4	2 422,9	2 066,5	390,8	218,0	172,8	8,7	9,0	8,4

[1] Einschließlich Interzonenhandel. — [2] Warenausfuhr und Wareneinfuhr, ohne Lohnveredelung, Reexporte, Rückwaren, Messegut, Umzugsgut, Geschenksendungen, Transit; Wertstellung: beide Seiten fob.
Quelle: Statistisches Jahrbuch der DDR 1964, S. 381.

Tabelle III

Der Anteil des Interzonenhandels am Außenhandel der Bundesrepublik
(einschließlich Berlin-West)
in Mill. DM-West

Jahr	Gesamtaußenhandel [1] (Außen- + Interzonenhandel)			Interzonenhandel [2]			Anteil in vH		
	Umsatz	Ausfuhr	Einfuhr	Umsatz	Ausfuhr	Einfuhr	Umsatz	Ausfuhr	Einfuhr
1950	20 480,6	8 692,1	11 788,5	744,5	[3]329,9	[3]414,6	3,6	3,8	3,5
1955	51 339,7	26 279,4	25 060,3	1 150,5	562,6	587,9	2,2	2,1	2,3
1956	60 177,6	31 560,2	28 617,4	1 352,7	699,2	653,5	2,2	2,2	2,3
1957	69 328,1	36 813,9	32 514,2	1 663,2	845,9	817,3	2,4	2,3	2,5
1958	69 489,8	37 798,5	31 691,3	1 658,6	800,4	858,2	2,4	2,1	2,7
1959	78 977,3	42 262,4	36 714,9	1 970,2	1 078,5	891,7	2,5	2,6	2,4
1960	92 750,7	48 905,6	43 845,1	2 082,0	959,5	1 122,5	2,2	2,0	2,6
1961	97 155,3	51 851,2	45 304,1	1 813,7	872,8	940,9	1,9	1,7	2,1
1962	104 240,0	53 827,4	50 412,6	1 767,1	852,7	914,4	1,7	1,6	1,8
1963	112 468,9	59 169,6	53 299,3	1 881,9	859,6	1 022,3	1,7	1,5	1,9

[1] Statistisches Jahrbuch der Bundesrepublik Deutschland 1964, S. 311. — [2] Statistisches Bundesamt; „Warenverkehr zwischen den Währungsgebieten der DM-West und der DM-Ost". — [3] Ohne Berlin (West).

Tabelle IV

Der Interzonenhandel im Rahmen des mitteldeutschen „West"handels in Mill. Rubel

Jahr	Gesamter „Westhandel"[1]			Interzonenhandel			Anteil in vH		
	Umsatz	Ausfuhr[2]	Einfuhr[2]	Umsatz	Ausfuhr	Einfuhr	Umsatz	Ausfuhr	Einfuhr
1950	218,1	116,2	101,9	126,1	71,4	54,7	57,8	61,4	53,7
1955	614,2	304,2	310,1	240,8	122,8	118,0	39,2	40,4	38,1
1956	661,5	328,2	333,4	270,2	138,6	131,6	40,8	42,2	39,5
1957	819,3	406,1	413,2	349,7	184,2	165,6	42,7	45,4	40,1
1958	835,0	395,3	439,7	361,3	190,2	171,1	43,3	48,1	38,9
1959	884,5	424,5	450,0	412,5	206,8	205,7	46,6	48,7	45,7
1960	989,0	479,8	509,2	402,4	216,6	185,8	40,7	45,1	36,5
1961	999,3	515,0	484,3	373,8	196,9	176,9	37,4	38,2	36,5
1962	885,1	447,6	437,5	353,6	182,3	171,1	40,0	40,7	39,2
1963	962,2	510,0	452,2	390,8	218,0	172,8	40,6	42,8	38,3

[1]) Umfaßt den Handel mit den „übrigen Ländern" und den Interzonenhandel, wobei unter „übrige Länder" alles erfaßt ist, was nicht Ostblock- und Interzonenhandel ist (also der Handel mit der westlichen Welt und den Entwicklungsländern). — [2]) Warenausfuhr und Wareneinfuhr, ohne Lohnveredelung, Reexporte, Messe- und Umzugsgut, Transit- und Geschenksendungen; Wertstellung: beide Seiten fob.
Quelle: Statistisches Jahrbuch der DDR 1964, S. 381.

Tabelle V

Der Interzonenhandel im Rahmen des westdeutschen Osthandels in Mill. DM-West

Jahr	Gesamter Osthandel[1] Ostblock-+Interzonenhandel			Interzonenhandel			Anteil in vH		
	Umsatz	Ausfuhr	Einfuhr	Umsatz	Ausfuhr	Einfuhr	Umsatz	Ausfuhr	Einfuhr
1950	1 600,5	799,3	801,2	744,6	[2])330,0	[2])414,6	46,5	41,3	51,7
1955	2 894,0	1 419,1	1 474,9	1 150,5	562,6	587,9	39,8	39,6	39,9
1956	3 927,3	1 976,4	1 950,9	1 352,7	699,2	653,5	34,4	35,4	33,5
1957	4 643,6	2 363,4	2 280,2	1 663,3	846,0	817,3	35,8	35,8	35,8
1958	5 496,6	2 986,5	2 510,1	1 658,6	800,4	858,2	30,2	26,8	34,2
1959	6 100,2	3 364,1	2 736,1	1 970,3	1 078,6	891,7	32,3	32,1	32,6
1960	7 113,4	3 758,6	3 354,8	2 082,0	959,5	1 122,5	29,3	25,5	33,5
1961	6 756,1	3 515,2	3 240,9	1 813,8	872,9	940,9	26,8	24,8	29,0
1962	8 825,8	3 427,5	3 398,3	1 767,1	852,7	914,4	25,9	24,9	26,9
1963	6 635,5	3 099,5	3 536,0	1 881,9	859,6	1 022,3	28,4	27,7	28,8

[1]) Albanien, Bulgarien, Volksrepublik China, „DDR", Jugoslawien, Mongolei, Nord-Korea, Nord-Vietnam, Polen, Rumänien, Tschechoslowakei, UdSSR, Ungarn, ohne Kuba. — [2]) Ohne Berlin (West).
Quelle: Statistisches Jahrbuch der Bundesrepublik Deutschland 1952, 1957, 1960, 1963, 1964.

Tabelle VI — Die Warenstruktur der Bezüge

	1950[1)2)]	1951[1)2)]	1952[1)2)]	1953 [2)]	1954 [2)]
in Mill. VE					
Landwirtschaft, Nahr.- u. Genußmittel [5)]	71,8	5,8	5,8	15,4	54,2
Steine, Erden	4,4	3,2	1,4	4,6	7,6
Bergbau	20,6	8,1	0,5	72,4	113,9
Mineralöle, Kohlenwertstoffe	48,5	13,9	7,0	36,4	56,4
Eisen und Stahl [7)]	[8)] 0,4	[8)] —	[8)] —	[8)] —	[8)] 0,3
NE-Metalle, Metallhalbzeug	0,2	0,7	—	—	—
Eisen-, Blech-, Metallwaren	[9)] 3,1	[9)] 0,5	[9)] —	[9)] 0,3	[9)] 0,8
Maschinenbau	37,9	12,7	8,3	25,0	35,6
Stahlbau	0,2	—	—	—	—
Chemische Industrie	26,1	12,5	8,2	24,3	36,0
Elektrotechnik	5,0	2,9	0,4	1,1	1,1
Feinmechanik, Optik	5,1	1,9	3,8	4,3	3,1
Glas, Glaswaren, Keramik	18,0	7,4	5,5	9,5	10,8
Textilien, Bekleidung	54,0	25,4	21,9	59,0	70,9
Holz und Holzerzeugnisse	11,8	4,3	6,5	16,5	16,0
Zellstoff, Papier, Papier- und Druckereierzeugnisse	12,2	6,5	2,5	12,3	16,6
Leder, Lederwaren, Schuhe	—	—	—	—	0,2
Musikinstrumente, Spielwaren [10)]	4,9	2,4	1,4	2,4	2,9
Sonstige Produkte	17,9	14,4	6,3	0,6	0,8
Bezüge, gesamt	342,1	122,6	79,5	284,1	427,2
Anteile in vH					
Landwirtschaft, Nahr.- u. Genußmittel [5)]	21,0	4,7	7,3	5,4	12,7
Steine, Erden	1,3	2,6	1,8	1,6	1,8
Bergbau	6,0	6,6	0,6	25,5	26,7
Mineralöle, Kohlenwertstoffe	14,2	11,3	8,8	12,8	13,2
Eisen und Stahl [7)]	0,1	—	—	—	0,1
NE-Metalle, Metallhalbzeug	0,1	0,5	—	—	—
Eisen-, Blech-, Metallwaren	0,9	0,4	—	0,2	0,2
Maschinenbau	11,1	10,4	10,4	8,8	8,3
Stahlbau	0,1	—	—	—	—
Chemische Industrie	7,6	10,2	10,3	8,5	8,4
Elektrotechnik	1,4	2,4	0,5	0,4	0,3
Feinmechanik, Optik	1,4	1,6	4,8	1,5	0,7
Glas, Glaswaren, Keramik	5,3	6,0	6,9	3,3	2,5
Textilien, Bekleidung	15,8	20,7	27,6	20,8	16,6
Holz und Holzerzeugnisse	3,5	3,5	8,2	5,8	3,7
Zellstoff, Papier, Papier- und Druckereierzeugnisse	3,6	5,3	3,1	4,3	3,9
Leder, Lederwaren, Schuhe	—	—	—	—	.
Musikinstrumente, Spielwaren [10)]	1,4	2,0	1,8	0,9	0,7
Sonstige Produkte	5,2	11,8	7,9	0,2	0,2

[1)] Ohne Berlin (West). — [2)] Ohne Lohnveredelung und ohne Warenverkehr auf ausländische Rechnung, aber einschl. Strom und Gas. — [3)] Einschl. Lohnveredelung, aber ohne Warenverkehr auf ausländische Rechnung und ohne Strom und Gas. — [4)] Ab 1956 einschl. Lohnveredelung und einschl. Warenverkehr auf ausländische Rechnung. — [5)] Einschl. der Erzeugnisse der Forst-, Jagdwirtschaft und Fischerei. — [6)] Ohne Ausgleichszahlungen der Bundesregierung (75 Mill. VE). — [7)] Erzeugnisse der Hochofen-, Stahl-, Warmwalz-, Schmiede-, Preß- und Hammerwerke, Gießerei-

Statistischer Anhang 59

des Währungsgebietes DM-West *Tabelle VI*

1955³)	1956⁴)	1957	1958	1959	1960	1961	1962	1963	1964
\multicolumn{10}{c}{in Mill. VE}									
56,6	48,9	79,5	125,1	136,7	180,3	108,5	117,7	140,5	177,2
14,0	16,2	20,5	23,7	20,9	25,1	25,5	18,7	23,9	24,8
166,2	151,0	187,8	237,2	196,0	266,7	209,7	240,5	255,9	252,4
58,7	90,6	161,3	136,6	191,0	212,9	189,4	202,3	215,8	6) 65,6
8) 5,3	8)10,6	5,5	5,1	1,3	2,9	4,0	2,1	4,7	5,5
1,9	8,3	6,3	0,5	2,3	3,8	1,9	3,2	4,9	3,0
9) 1,2	9) 2,4	3,4	5,7	5,6	9,4	10,4	8,7	11,5	12,8
58,0	72,7	69,1	50,5	58,3	74,6	64,8	58,5	50,0	61,6
—	0,7	0,8	0,4	0,6	0,9	1,1	0,5	0,5	0,7
71,2	75,6	82,7	72,5	71,5	77,4	67,5	51,7	58,8	75,6
2,5	3,7	3,6	3,9	4,4	6,1	7,5	5,0	7,7	24,3
5,6	6,4	6,8	6,9	7,8	10,8	9,3	9,3	11,0	16,6
12,4	14,8	14,7	14,6	15,6	17,1	12,4	13,9	16,9	17,2
90,4	104,5	115,8	93,1	98,0	147,2	137,1	103,1	129,1	180,7
6,9	3,9	11,1	17,0	21,1	24,1	35,8	31,0	33,2	37,9
20,8	29,3	32,9	32,7	29,1	31,1	24,4	22,8	25,3	28,5
0,6	1,1	1,7	2,1	4,7	6,0	5,7	3,0	4,3	6,6
4,9	7,4	8,6	7,4	6,9	9,1	8,6	10,9	13,9	14,7
3,5	5,4	5,2	23,2	19,9	17,0	17,3	11,5	14,4	21,7
580,7	653,5	817,3	858,2	891,7	1 122,5	940,9	914,4	1 022,3	1 027,4
\multicolumn{10}{c}{Anteile in vH}									
9,8	7,5	9,7	14,6	15,3	16,1	11,5	12,9	13,7	17,2
2,4	2,5	2,5	2,8	2,3	2,2	2,7	2,0	2,3	2,4
28,6	23,1	23,0	27,6	22,0	23,7	22,3	26,3	25,0	24,6
10,1	13,9	19,7	15,9	21,4	19,0	20,1	22,1	21,1	6,4
0,9	1,6	0,7	0,6	0,2	0,3	0,4	0,2	0,5	0,5
0,3	1,3	0,8	·	0,3	0,3	0,2	0,3	0,5	0,3
0,2	0,4	0,4	0,7	0,6	0,8	1,4	1,0	1,1	1,2
10,0	11,1	8,5	5,9	6,5	6,7	6,9	6,4	4,9	6,0
—	0,1	0,1	·	0,1	0,1	0,1	0,1	·	0,1
12,3	11,5	10,1	8,4	8,0	6,9	7,1	5,7	5,8	7,4
0,4	0,6	0,4	0,5	0,5	0,5	0,8	0,5	0,8	2,4
1,0	1,0	0,8	0,8	0,9	1,0	1,0	1,0	1,1	1,6
2,1	2,2	1,8	1,7	1,7	1,5	1,3	1,5	1,6	1,7
15,6	16,0	14,2	10,9	11,0	13,1	14,5	11,3	12,6	17,6
1,2	0,6	1,4	2,0	2,4	2,2	3,8	3,4	3,3	3,7
3,6	4,5	4,0	3,8	3,3	2,8	2,6	2,5	2,5	2,8
·	0,2	0,2	0,2	0,5	0,5	0,6	0,3	0,4	0,6
0,9	1,1	1,1	0,9	0,8	0,8	0,9	1,2	1,4	1,4
0,6	0,8	0,6	2,7	2,2	1,5	1,8	1,3	1,4	2,1

erzeugnisse sowie Produkte der Ziehereien, Kaltwalzwerke und der Stahlverformung. —
8) Ohne Produkte der Ziehereien, Kaltwalzwerke und der Stahlverformung. —
9) Einschl. der Erzeugnisse der Ziehereien, Kaltwalzwerke und der Stahlverformung. — 10) Sowie Turn-, Sportgeräte, Schmuckwaren, bearbeitete Edelsteine.
Quelle: Statistisches Bundesamt; „Der Interzonenhandel des Bundesgebietes und West-Berlins mit dem Währungsgebiet der DM-Ost" bzw. „Warenverkehr zwischen den Währungsgebieten der DM-West und der DM-Ost".

Tabelle VII Die Warenstruktur der Lieferungen

	1950¹)²)	1951¹)²)	1952¹)²)	1953 ²)	1954 ²)
in Mill. VE					
Landwirtschaft, Nahr.- u. Genußmittel⁵) .	27,5	38,3	37,0	65,5	125,8
Steine, Erden	2,1	1,2	1,2	1,6	2,6
Bergbau	5,5	16,0	0,2	4,9	16,8
Mineralöle, Kohlenwertstoffe	2,0	0,4	1,0	0,2	3,8
Eisen und Stahl⁶)	⁷)91,7	⁷)18,2	⁷)19,2	⁷)54,8	⁷)79,0
NE-Metalle, Metallhalbzeug	9,2	0,3	0,3	0,2	2,7
Eisen-, Blech-, Metallwaren	⁸)18,3	⁸)11,2	⁸)19,6	⁸)28,4	⁸)51,6
Maschinenbau	50,7	10,9	3,5	8,4	18,3
Stahlbau	5,6	2,0	0,9	4,7	3,6
Chemische Industrie	60,1	23,1	29,7	38,1	48,3
Elektrotechnik	7,0	1,3	1,6	8,9	6,7
Feinmechanik, Optik	4,5	2,6	1,5	2,0	3,2
Glas, Glaswaren, Keramik	1,2	0,7	0,2	0,5	1,1
Textilien, Bekleidung	16,2	5,4	9,9	6,6	13,6
Holz und Holzerzeugnisse	7,7	2,6	5,0	3,5	7,1
Zellstoff, Papier, Papier- und Druckereierzeugnisse	5,6	2,0	2,2	10,6	12,2
Leder, Lederwaren, Schuhe	0,7	1,0	7,2	7,1	7,6
Musikinstrumente, Spielwaren⁹)	0,7	0,4	—	—	0,8
Sonstige Produkte	12,2	10,6	5,4	7,9	23,7
Lieferungen, gesamt	328,5	148,2	145,6	254,1	428,5
Anteile in vH					
Landwirtschaft, Nahr.- u. Genußmittel⁵) .	8,4	25,8	25,4	25,8	29,4
Steine, Erden	0,6	0,8	0,8	0,6	0,6
Bergbau	1,7	10,8	0,1	1,9	3,9
Mineralöle, Kohlenwertstoffe	0,6	0,3	0,7	0,1	0,9
Eisen und Stahl⁶)	27,9	12,3	13,2	21,6	18,4
NE-Metalle, Metallhalbzeug	2,8	0,2	0,2	0,2	0,6
Eisen-, Blech-, Metallwaren	5,6	7,6	13,5	11,2	12,0
Maschinenbau	15,4	7,4	2,4	3,3	4,3
Stahlbau	1,7	1,3	0,6	1,8	0,8
Chemische Industrie	18,3	15,6	20,4	15,0	11,3
Elektrotechnik	2,1	0,9	1,1	3,5	1,6
Feinmechanik, Optik	1,4	1,7	1,0	0,8	0,7
Glas, Glaswaren, Keramik	0,4	0,5	0,1	0,2	0,3
Textilien, Bekleidung	5,0	3,6	6,8	2,6	3,2
Holz und Holzerzeugnisse	2,3	1,8	3,5	1,4	1,7
Zellstoff, Papier, Papier- und Druckereierzeugnisse	1,7	1,3	1,5	4,1	2,8
Leder, Lederwaren, Schuhe	0,2	0,7	5,0	2,8	1,8
Musikinstrumente, Spielwaren⁹)	0,2	0,3	—	—	0,2
Sonstige Produkte	3,7	7,1	3,7	3,1	5,5

1) Ohne Berlin (West). — 2) Ohne Lohnveredelung und ohne Warenverkehr auf ausländische Rechnung, aber einschl. Strom und Gas. — 3) Einschl. Lohnveredelung, aber ohne Warenverkehr auf ausländische Rechnung und ohne Strom und Gas. — 4) Ab 1956 einschl. Lohnveredelung und einschl. Warenverkehr auf ausländische Rechnung. — 5) Einschl. der Erzeugnisse der Forst-, Jagdwirtschaft und Fischerei. — 6) Erzeugnisse der Hochofen-, Stahl-, Warmwalz-, Schmiede-, Preß- und Hammerwerke, Gießereierzeugnisse sowie Produkte der Ziehereien, Kaltwalzwerke und der Stahl-

Statistischer Anhang 61

des Währungsgebietes DM-West   *Tabelle VII*

1955³)	1956⁴)	1957	1958	1959	1960	1961	1962	1963	1964
									in Mill. VE
140,3	174,9	178,5	154,2	134,8	115,8	70,9	169,4	180,6	253,8
2,8	3,2	10,5	12,7	11,9	7,7	1,9	0,6	1,1	4,6
26,7	44,5	36,6	43,4	123,1	34,2	39,8	40,1	71,5	86,9
1,3	2,4	3,1	3,1	2,0	4,2	1,7	3,6	0,8	4,0
⁷)70,5	⁷)112,6	213,0	224,9	331,7	271,9	335,5	328,8	268,9	234,0
5,1	11,8	7,3	7,4	19,1	26,6	21,7	29,6	26,9	35,7
⁸)61,1	⁸)76,8	10,9	9,6	12,1	12,5	7,6	5,2	5,4	11,6
33,1	64,0	111,9	103,2	118,0	139,4	112,4	63,7	73,2	153,6
4,0	10,3	7,6	9,5	10,7	8,2	7,0	4,5	3,3	2,4
78,5	89,1	112,0	97,7	131,5	136,3	112,3	71,4	103,9	204,3
12,9	20,6	21,2	46,2	56,5	70,0	52,5	26,8	27,9	35,0
7,2	9,4	10,8	10,4	17,2	17,9	15,8	9,8	7,0	9,1
1,5	2,9	4,8	6,3	8,7	14,3	7,3	19,7	17,6	16,7
20,4	27,3	46,6	23,4	42,5	48,3	42,2	29,3	27,8	45,5
10,9	16,6	17,7	19,3	16,1	14,8	13,4	10,5	11,0	11,5
12,9	17,4	16,9	15,3	16,1	15,9	13,1	12,8	14,1	18,3
9,7	5,8	8,6	5,2	15,4	6,0	3,9	0,9	2,1	2,4
1,3	1,0	1,0	1,2	1,4	1,5	1,2	0,8	2,4	3,2
20,9	8,6	27,0	7,4	8,9	14,0	12,7	25,2	14,1	18,4
521,1	699,2	846,0	800,4	1 078,6	959,5	872,9	852,7	859,6	1 151,0
									Anteile in vH
26,9	25,0	21,1	19,3	12,5	12,1	8,1	19,9	21,0	22,0
1,0	0,4	1,2	1,6	1,1	0,8	0,2	0,1	0,1	0,4
5,1	6,4	4,3	5,4	11,4	3,6	4,6	4,7	8,3	7,5
0,2	0,3	0,4	0,4	0,2	0,4	0,2	0,4	0,1	0,3
13,5	16,1	25,2	28,1	30,8	28,3	38,4	38,6	31,3	20,3
1,0	1,7	0,9	0,9	1,8	2,8	2,5	3,5	3,1	3,1
11,7	11,0	1,3	1,2	1,1	1,3	0,9	0,6	0,6	1,0
6,3	9,1	13,2	12,9	11,0	14,5	12,9	7,5	8,5	13,4
0,7	1,5	0,9	1,2	1,0	0,8	0,8	0,5	0,4	0,2
15,0	12,8	13,2	12,2	12,2	14,2	12,9	8,4	12,1	17,8
2,4	3,0	2,5	5,8	5,2	7,3	6,0	3,1	3,3	3,0
1,4	1,3	1,3	1,3	1,6	1,9	1,8	1,1	0,8	0,8
0,3	0,4	0,6	0,8	0,8	1,5	0,8	2,3	2,0	1,5
3,9	3,9	5,5	2,9	4,0	5,0	4,8	3,4	3,2	4,0
2,1	2,4	2,1	2,4	1,5	1,5	1,5	1,2	1,3	1,0
2,5	2,5	2,0	1,9	1,5	1,7	1,5	1,5	1,7	1,6
1,8	0,8	1,0	0,7	1,4	0,6	0,5	0,1	0,3	0,2
0,2	0,2	0,1	0,1	0,1	0,2	0,1	0,1	0,3	0,3
4,0	1,2	3,2	0,9	0,8	1,5	1,5	3,0	1,6	1,6

verformung. — ⁷) Ohne Produkte der Ziehereien, Kaltwalzwerke und der Stahlverformung. — ⁸) Einschl. der Erzeugnisse der Ziehereien, Kaltwalzwerke und der Stahlverformung. — ⁹) Sowie Turn-, Sportgeräte, Schmuckwaren, bearbeitete Edelsteine.

Quelle: Statistisches Bundesamt; „Der Interzonenhandel des Bundesgebietes und West-Berlins mit dem Währungsgebiet der DM-Ost" bzw. „Warenverkehr zwischen den Währungsgebieten der DM-West und der DM-Ost."

Tabelle VIII

Bezüge des Währungsgebietes DM-West

	in Mill. VE					
	1955	1958	1959	1960	1961	1962
Getreide	9,6	11,0	21,7	72,6	9,2	33,9
Zucker	26,2	13,8	28,6	20,3	31,6	22,7
Fleisch und Fleischwaren	1,7	77,1	53,2	50,1	38,6	27,7
Braunkohle	160,3	229,1	190,8	262,2	206,5	238,4
darunter: Braunkohlenbriketts	.	219,6	176,7	245,1	195,0	226,9
Motorenbenzin	15,5	45,8	60,7	62,7	68,1	81,7
Dieselkraftstoff	14,2	70,1	102,1	114,5	97,4	94,3
Paraffin	7,8	8,2	7,2	8,5	5,9	7,2
Montanwachs	6,4	6,7	15,0	16,1	6,2	11,7
Metallbearbeitungsmaschinen	21,2	14,9	16,4	29,5	26,1	24,5
Papier- und Druckereimaschinen	4,7	6,0	6,5	6,6	6,2	4,6
Büromaschinen	20,5	16,6	21,0	22,5	16,4	15,8
Textilmaschinen	4,3	3,8	3,3	2,8	2,4	1,7
Organische Vorprodukte und Grundstoffe	14,7	13,6	8,2	12,3	9,6	5,3
Lösungsmittel und Weichmacher	11,6	15,3	15,6	16,3	12,7	9,6
Spinnstoffwaren	7,2	8,4	6,9	7,1	6,0	5,9
Möbel- und Dekorationsstoff	8,3	6,1	2,4	5,6	5,2	4,9
Teppiche und Läufer	12,5	.	.	.	.	.
Sonstige Meterware	7,2	21,5	20,6	29,5	23,7	24,3
Wirk- und Strickwaren	38,1	33,4	37,9	44,9	39,7	35,5
darunter: Strumpfwaren	33,4	22,2	23,9	24,0	17,6	13,7
Undichter Vorhangstoff	14,7	8,9	6,9	7,9	5,2	3,2
Gruben- und Schnittholz	4,9	12,4	15,3	12,9	23,8	19,0
Holzerzeugnisse	2,0	4,6	5,8	11,3	12,0	12,0
Papier und Papierwaren	2,1	5,6	5,7	7,3	6,9	6,6
Druckereierzeugnisse	9,1	14,7	13,3	13,6	12,5	12,3
Sonstige Erzeugnisse	155,9	210,6	226,6	285,3	269,0	211,6
Bezüge, gesamt	580,7	858,2	891,7	1122,5	940,9	914,4

Quelle: Zusammengestellt nach den Angaben in den jährlichen Berichten des Statistischen rungsgebiet der DM-Ost" bzw. „Warenverkehr zwischen den Währungsgebieten

Tabelle VIII

nach ausgewählten Waren

		in vH							
1963	1964	1955	1958	1959	1960	1961	1962	1963	1964
59,1	61,5	1,7	1,3	2,4	6,5	1,0	3,7	5,8	6,0
15,3	14,0	4,5	1,6	3,2	1,8	3,4	2,5	1,5	1,4
24,4	51,4	0,3	9,0	6,0	4,5	4,1	3,0	2,4	5,0
253,4	245,5	27,6	26,7	21,4	23,4	21,9	26,1	24,8	23,9
241,2	231,7	.	25,6	19,8	21,8	20,7	24,8	23,6	22,6
84,2	17,3	2,7	5,3	6,8	5,6	7,2	8,9	8,2	1,7
107,5	25,2	2,5	8,2	11,5	10,2	10,4	10,3	10,5	2,4
5,4	5,2	1,3	1,0	0,8	0,8	0,6	0,8	0,5	0,5
11,7	11,2	1,1	0,8	1,7	1,4	0,7	1,3	1,1	1,1
18,4	25,4	3,7	1,7	1,8	2,6	2,8	2,7	1,8	2,5
4,2	4,9	0,8	0,7	0,7	0,6	0,7	0,5	0,4	0,5
12,9	12,6	3,5	1,9	2,4	2,0	1,7	1,7	1,3	1,2
1,7	1,6	0,7	0,5	0,4	0,2	0,3	0,2	0,2	0,2
7,2	12,4	2,5	1,6	0,9	1,1	1,0	0,6	0,7	1,2
11,8	13,3	2,0	1,8	1,7	1,5	1,3	1,1	1,2	1,3
7,3	12,2	1,2	1,0	0,8	0,6	0,6	0,7	0,7	1,2
5,2	6,3	1,4	0,7	0,3	0,5	0,6	0,5	0,5	0,6
12,7	14,2	2,2	.	.	.	.	.	1,2	1,4
13,9	3,2	1,2	2,5	2,3	2,6	2,5	2,7	1,4	0,3
43,6	58,4	6,6	3,9	4,2	4,0	4,2	3,9	4,3	5,7
15,9	24,0	5,8	2,6	2,7	2,1	1,9	1,5	1,6	2,3
2,4	2,4	2,5	1,0	0,8	0,7	0,6	0,3	0,2	0,2
19,6	19,9	0,8	1,4	1,7	1,1	2,5	2,1	1,9	1,9
13,6	18,0	0,3	0,5	0,7	1,0	1,3	1,3	1,3	1,7
7,0	7,8	0,4	0,7	0,6	0,7	0,7	0,7	0,7	0,8
12,1	13,1	1,6	1,7	1,5	1,2	1,3	1,3	1,2	1,3
267,7	370,4	26,9	24,5	25,4	25,4	28,6	23,1	26,2	36,0
1 022,3	1 027,4	100	100	100	100	100	100	100	100

Bundesamtes „Der Interzonenhandel des Bundesgebietes und West-Berlins mit dem Währder DM-West und der DM-Ost".

Tabelle IX

Lieferungen des Währungsgebietes DM-West

	in Mill. VE					
	1955	1958	1959	1960	1961	1962
Rohtabak und Tabakerzeugnisse	·	2,1	7,0	16,0	10,2	12,2
Häute und Felle	12,0	13,3	9,2	6,8	7,7	7,3
Fische und Fischwaren	31,9	9,4	16,3	16,0	14,8	24,8
Fleisch und Fleischerzeugnisse[1])	2,6	7,8	7,5	28,4	11,5	48,6
Milchprodukte	4,1	7,3	5,4	11,3	3,6	5,9
Pflanzliche u. tierische Fette[2])	14,2	7,3	5,5	7,4	5,7	27,6
Steinkohle u. Steinkohlenkoks	26,1	40,4	121,7	33,6	39,4	39,2
Roheisen	7,5	·	10,4	9,1	·	·
Stahlhalbzeug	·	3,9	11,0	·	31,8	6,7
Warmwalzfertigerzeugnisse[3])	8,6	28,5	47,4	20,4	21,6	24,1
darunter: Eisenbahnoberbaustoffe	·	4,9	2,9	0,8	0,4	0,2
Stabstahl	·	14,1	20,3	7,9	9,8	4,8
Walzdraht	·	3,3	9,5	4,3	6,2	13,7
Bleche und Röhren	62,3	84,8	134,2	109,3	154,5	173,2
davon: warm- und kaltgewalzte Bleche	·	41,5	65,4	45,0	72,7	105,8
nahtlose Stahlrohre	·	40,4	65,0	62,8	62,0	50,0
geschweißte Rohre	·	2,9	3,8	1,5	19,4	16,2
Kaltwalzwerks- und Ziehereierzeugnisse[4])	25,9	64,5	91,3	100,2	104,9	98,8
darunter: Blankstahl	·	10,9	12,4	16,9	10,0	6,6
Kaltband	·	12,0	23,6	29,9	33,4	25,3
Präzisionsstahlrohre	·	23,9	31,0	34,8	39,0	46,5
Draht	·	8,9	21,0	15,5	19,1	16,1
Weiterverarbeiteter Walzstahl[5])	·	5,2	9,8	11,3	9,0	4,6
Erzeugnisse der Schmiede- Preß- und Hammerwerke	·	14,7	8,7	6,9	4,2	6,0
Stahlverformung[6])	6,8	6,6	7,8	7,5	8,1	7,8
Phosphordüngemittel	14,4	20,6	30,5	21,6	18,7	4,7
Mineralfarben, Teerfarbstoffe	14,4	16,1	18,1	21,2	15,8	10,8
Pharmazeutika	6,5	11,8	13,6	15,3	16,0	8,6
Kunststoffe, Kunststofferzeugnisse, Gummi- und Astbestwaren	19,0	22,1	28,1	34,0	25,2	20,3
Chemischtechnische Waren	11,1	16,0	20,7	17,0	19,9	11,3
Textile Spinnstoffe[7])	2,9	7,9	9,8	6,3	5,9	7,0
Gespinst[8])	4,7	4,1	28,4	22,8	28,4	16,5
Holz	8,1	17,8	14,8	13,7	11,1	9,6
Druckereierzeugnisse	10,7	11,1	11,4	12,1	9,9	9,1
Sonstige Erzeugnisse	227,3	377,1	410,0	411,3	295,0	268,0
Lieferungen, gesamt	521,1	800,4	1078,6	959,5	872,9	852,7

[1]) Einschließlich Schlachtvieh. — [2]) Erzeugnisse der Ölmühlen, Talgschmelzen und Schmalz-
[5]) Ohne geschweißte Rohre. — [6]) Schmiede-, Preß-, Zieh- und Stanzteile, Federn, Ketten,

Quelle: Zusammengestellt nach den Angaben in den jährlichen Berichten des Statistischen
rungsgebiet der DM-Ost" bzw. „Warenverkehr zwischen den Währungsgebieten

Statistischer Anhang 65

Tabelle IX

nach ausgewählten Waren

		in vH							
1963	1964	1955	1958	1959	1960	1961	1962	1963	1964
26,2	18,2	.	0,3	0,6	1,7	1,2	1,4	3,0	1,6
16,3	17,9	2,3	1,7	0,9	0,7	0,9	0,9	1,9	1,6
14,8	18,7	6,1	1,2	1,5	1,7	1,7	2,9	1,7	1,6
45,9	27,8	0,5	1,0	0,7	3,0	1,3	5,7	5,3	2,4
14,0	26,5	0,8	0,9	0,5	1,2	0,4	0,7	1,6	2,3
42,9	91,3	2,7	0,9	0,5	0,8	0,7	3,2	5,0	7,9
70,1	78,6	5,0	5,0	11,3	3,5	4,5	4,6	8,2	6,8
.	0,8	1,4	.	1,0	0,9	.	.	.	0,1
6,7	11,4	.	0,5	1,0	.	3,6	0,8	0,8	1,0
21,5	12,3	1,6	3,6	4,4	2,1	2,5	2,8	2,5	1,1
12,3	0,8	.	0,6	0,3	0,1	.	.	1,4	0,1
4,2	2,9	.	1,8	1,9	0,8	1,1	0,6	0,5	0,3
3,2	4,5	.	0,4	0,9	0,4	0,7	1,6	0,4	0,4
154,4	118,8	12,0	10,6	12,4	11,4	17,7	20,3	18,0	10,3
93,7	65,0	.	5,2	6,1	4,7	8,3	12,4	10,9	5,6
48,9	43,3	.	5,0	6,0	6,5	7,1	5,9	5,7	3,8
9,4	10,5	.	0,4	0,4	0,1	2,2	1,9	1,1	0,9
69,7	63,3	5,0	8,0	8,5	10,4	12,0	11,6	8,1	5,5
4,0	3,5	.	1,4	1,1	1,8	1,1	0,8	0,5	0,3
14,1	18,0	.	1,5	2,2	3,1	3,8	3,0	1,6	1,6
26,2	24,4	.	3,0	2,9	3,6	4,5	5,5	3,0	2,1
23,7	16,9	.	1,1	1,9	1,6	2,2	1,9	2,8	1,5
7,5	7,9	.	0,6	0,9	1,2	1,0	0,6	0,9	0,7
5,5	14,6	.	1,8	0,8	0,7	0,5	0,7	0,6	1,3
3,2	3,3	1,3	0,8	0,7	0,8	0,9	0,9	0,4	0,3
12,7	38,6	2,8	2,6	2,8	2,2	2,1	0,6	1,5	3,4
15,3	24,9	2,8	2,0	1,7	2,2	1,8	1,3	1,8	2,2
11,9	7,5	1,2	1,5	1,3	1,6	1,8	1,0	1,4	0,6
				2,6	3,5	2,9	2,4	3,3	2,7
28,5	31,4	3,6	2,8						
20,7	17,0	2,1	2,0	1,9	1,8	2,3	1,3	2,4	1,5
7,7	11,9	0,6	1,0	0,9	0,7	0,7	0,8	0,9	1,0
11,1	15,5	0,9	0,5	2,6	2,4	3,3	1,9	1,3	1,3
9,7	10,0	1,6	2,2	1,4	1,4	1,3	1,1	1,1	0,9
9,7	11,7	2,1	1,4	1,1	1,3	1,1	1,1	1,1	1,0
233,6	471,1	43,6	47,1	38,0	42,9	33,8	31,4	27,2	40,9
859,6	1 151,0	100	100	100	100	100	100	100	100

siedereien, einschl. Margarine. — 3) Ohne Bleche und Rohre. — 4) Ohne Stahlverformung. — Schrauben. — 7) Bearbeitete Wolle, Tierhaare und Pflanzenfasern. — 8) Garne, Zwirne.

Bundesamtes „Der Interzonenhandel des Bundesgebietes und West-Berlins mit dem Wäh- der DM-West und der DM-Ost".

Literaturverzeichnis

Außenhandel und innerdeutscher Handel, Berlin (Ost), Jahrgänge 1955 bis 1964.

Berliner Wirtschaft, Die, Mitteilungen der Industrie- und Handelskammer zu Berlin, Jahrgänge 1956 bis 1964.

Berg, Michael von: Probleme des Ost-West-Handels, Teil I. Berichte des Osteuropa-Instituts an der Freien Unversität Berlin, Heft 57, Berlin 1963.

Bundesanzeiger, Jahrgänge 1956 bis 1964, herausgegeben vom Bundesminister der Justiz.

Bundesministerium für gesamtdeutsche Fragen: Außenhandel und Interzonenhandel der Sowjetzone 1950 bis 1952, Bonn 1952.
Dritter Tätigkeitsbericht 1957-61.
Vierter Tätigkeitsbericht 1961-65.
SBZ von A bis Z.
SBZ von 1945 bis 1954 und
SBZ von 1955 bis 1958.

Deutsches Institut für Wirtschaftsforschung, Wochenbericht Nr. 28/1950 und Nr. 17/1958.

Federau, Fritz: Der Interzonenhandel Deutschlands von 1946 bis Mitte 1953, in: Vierteljahrshefte zur Wirtschaftsforschung, Jahrgang 1953, S. 385. S. 385.

Förster, Wolfgang: Das Außenhandelssystem der sowjetischen Besatzungszone Deutschlands. Dritte überarbeitete Auflage, Bonn 1957.

Gleitze, Bruno: Ostdeutsche Wirtschaft, Berlin 1956.
Die Außenhandelsverflechtung des mitteldeutschen Raumes, in: Vierteljahrshefte zur Wirtschaftsforschung, Jahrgang 1952, S. 345.

Grünig, Ferdinand: Die innerdeutsche Wirtschaftsverflechtung, in: Wirtschaftsprobleme der Besatzungszonen, Berlin 1948, S. 65.

Hoffmann, Emil: Die Zerstörung der deutschen Wirtschaftseinheit, Hamburg 1964.

Holbik, Karel und Henry Myers: Postwar Trade in Divided Germany, Baltimore 1964.

Jahn, Oswald: Handbuch des Interzonenhandelsverkehrs, München und Berlin 1956.

Jahresberichte des Mineralöl-Wirtschaftsverbandes e. V. — Arbeitsgemeinschaft Erdöl-Gewinnung und Verarbeitung (MVV — AEV). Hamburg.

Klinkmüller, Erich: Die gegenwärtige Außenhandelsverflechtung der sowjetischen Besatzungszone Deutschlands, Berlin 1959.

Mehnert, Klaus und Heinrich Schulte: Deutschland Jahrbuch 1949 und 1953, Essen.

Mendershausen, Horst: "Interzonal Trade" in Germany. Part I: The Trade and the Contractual Relations. Part II: Interaction with early Berlin conflicts. The Rand-Corporation; Santa Monica, California, 1963.

Orlopp, Joseph: Der Handel zwischen der sowjetischen Besatzungszone und den westlichen Besatzungszonen Deutschlands; Berlin (Ost) 1949.
Eine Nation handelt über Zonengrenzen — Streifzug durch die Geschichte des Innerdeutschen Handels; Berlin (Ost) 1957.

Pritzel, Konstantin: Die wirtschaftliche Integration der sowjetischen Besatzungszone Deutschlands in den Ostblock und ihre politischen Aspekte; Bonn/Berlin 1962.
Der Interzonenhandel im Spannungsfeld der Deutschlandpolitik, in: Deutsche Fragen, Heft 10/1963.

Sieben, Richard: Abkommen und Vorschriften zum Interzonenhandel. Frankfurt/Main 1961.

SBZ-Archiv, Köln: Heft 3 und 8, 1959; Heft 3, 1961; Heft 4, 1964.

Statistisches Bundesamt Wiesbaden: Der Interzonenhandel des Bundesgebietes und West-Berlins mit dem Währungsgebiet der DM-Ost (Statistische Berichte).
Warenverkehr zwischen den Währungsgebieten der DM-West und der DM-Ost (Fachserie F, Reihe 6).

Statistisches Jahrbuch der Bundesrepublik Deutschland, Jahrgänge 1955 bis 1964.

Statistisches Jahrbuch der DDR, Jahrgänge 1955 bis 1964.

Thalheim, Karl C.: Die derzeitige wirtschaftliche Situation in der Sowjetzone. Schriftenreihe: Der selbständige Unternehmer, Heidelberg 1952.
Die sowjetische Besatzungszone Deutschlands. In: Die Sowjetisierung Ost-Mitteleuropas. Herausgeber: E. Birke und R. Neumann, Frankfurt/Main 1959.
Grundzüge des sowjetischen Wirtschaftssystems, Köln 1962.

Vereinte Nationen: Economic Bulletin for Europe. Drittes Vierteljahr 1949 Band I, Nr. 3, S. 25.

Volkswirt, Der, Frankfurt/Main, Jahrgänge 1956 bis 1964.

WWI-Mitteilungen: Heft 2/3, 1954; Heft 8/9, 1959.

Woratz, Gerhard: Der Interzonenhandel mit dem sowjetisch besetzten Gebiet Deutschlands. Deutscher Industrie- und Handelstag, Schriftenreihe Heft 45.

Zahlen zur Kohlenwirtschaft. Heft Nr. 67. Essen 1965. Herausgeber: Statistik der Kohlenwirtschaft e. V.

Printed by Libri Plureos GmbH
in Hamburg, Germany